Heft 1

Entscheidungen des
Oberstes Gerichtshofes für die Britische Zone
Herausgegeben von den
Mitgliedern des Gerichtshofes und der Staatsanwaltschaft

Entscheidungen des
Obersten Gerichtshofes
für die Britische Zone
in
Zivilsachen

1. Band

Berlin und Hamburg
1948

Walter de Gruyter & Co.
vorm. G. J. Göschensche Verlagshandlung, J. Guttentag, Verlagsbuchhandlung Georg Reimer - Karl J. Trubner - Veit & Comp.

Inhalt

1. 1. Gegen mangelhaft verkündete Entscheidungen findet dasselbe, aber auch nur dasselbe Rechtsmittel statt, wie gegen fehlerfrei verkündete. Unberührt bleibt der, zum mindesten bis zur zulässigen Einlegung eines Rechtsmittels statthafte Antrag auf Fortsetzung des durch die mangelhaft verkündete Entscheidung nur scheinbar beendeten Verfahrens in der Instanz.

2. Gegen vor dem 9. Februar 1948 verkündete Urteile der Oberlandesgerichte in Zivilsachen findet Revision nicht statt.

3. Gegen Urteile in nichtvermögensrechtlichen Streitigkeiten, insbesondere auch in Ehesachen, ist die Revision nur statthaft, wenn sie im Berufungsurteil zugelassen ist.

ZPO. §§ 164, 545 ff., 705; Verordnung der Militärregierung Nr. 98; Verordnungen des Zentraljustizamts vom 17. 11. 1947, 13. 1. 1948 und 6. 2. 1948 (VOBl. BZ. S. 149, S. 10 und S. 40).

Zivilsenat. Urt. v. 15. April 1948 i. S. Ehemann M. (Kl.) w. Ehefrau M. (Bekl.). ZS 1/48.

I. Landgericht Verden/Aller.
II. Oberlandesgericht Celle.

Der Kläger hat die Beklagte, seine Ehefrau, auf Scheidung verklagt. Das Landgericht hat die Klage abgewiesen. Der Kläger hat mit der Berufung sein Scheidungsbegehren weiterverfolgt. Nach Verhandlung vom 22. Dezember 1947 hat das Berufungsgericht Verkündungstermin auf den 5. Januar 1948 anberaumt. Das Protokoll über den Verkündungstermin enthält den Vermerk: „Anliegendes Urteil wurde verkündet." Dem Protokoll nachgeheftet ist eine beglaubigte Urteilsabschrift, deren Fertigung nach einer auf dem Protokoll befindlichen Verfügung am 6. Januar 1948 angeordnet und nach dem daneben gesetzten Kanzleivermerk am 29. Januar 1948 erfolgt ist. Diese beglaubigte Urteilsabschrift, die in der Angabe des Verhandlungstermines und der mitwirkenden Richter mit dem Protokoll über die mündliche Verhandlung vom 22. Dezember 1947 übereinstimmt, lautet im Tenor auf Zurückweisung der Berufung und enthält keinen Vermerk über Zulassung der Revision gemäß § 29 der DfVO. vom 17. November 1947 (VOBl. BZ. S. 149 ff.) zur VO. Nr. 98 der Militärregierung über die Errichtung eines Obersten Gerichtshofes für die Britische Zone; sie trägt in mitbeglaubigter Abschrift den Verkündungsvermerk: „Verkündet laut Protokoll am 5. Januar 1948" mit Unterschrift des Urkundsbeamten der Geschäftsstelle, dagegen weder urschriftlich noch abschriftlich den Vermerk, daß es sich um eine Anlage zum Protokoll vom 5. Januar 1948 handele.

Der Kläger hat Revision eingelegt und zur Frage ihrer Zulässigkeit ausgeführt:

1. Auf Grund der VO. vom 6. Februar 1948 (VOBl. BZ. S. 40) über das Inkrafttreten der Abschnitte 2 und 3 der DfVO. vom 17. November 1947 sei vom 9. Februar 1948 ab die Einlegung der Revision gegen alle inhaltlich revisiblen Oberlandesgerichtsurteile zulässig, die nach dem Inkrafttreten der VO. Nr. 98 der Militärregierung — dem 1. September 1947 — verkündet und bezüglich deren die Monatsfrist des § 552 ZPO. in Verbindung mit § 31 der DfVO. vom 17. November 1947 seit Zustellung noch nicht abgelaufen sei.

2. Gegen Urteile in Ehesachen sei die Revision nicht nur im Falle ihrer Zulassung gemäß § 29 DfVO. statthaft, sondern auf Grund des § 30 Ziff. 2 DfVO. schlechthin, da es sich bei Ehesachen um Rechtsstreitigkeiten handele, für die die Landgerichte ohne Rücksicht auf den Wert des Streitgegenstandes ausschließlich zuständig seien.

3. Unabhängig davon müsse die Revision schon deswegen als zulässig angesehen werden und zur Aufhebung des „Urteils" vom 5. Januar 1948 führen, weil dieses angebliche Urteil mangels ordnungsmäßiger Verkündung oder doch mangels ordnungsmäßiger protokollarischer Feststellung der Verkündung nur als ein Urteilsentwurf angesehen werden könne.

Gründe:

I.

Ob das angegriffene Urteil ordnungsgemäß verkündet und die Verkündung ordnungsmäßig protokolliert ist, kann dahingestellt bleiben.

Ist ein Urteil nicht oder nicht entsprechend den gesetzlichen Mindesterfordernissen verkündet, so kommt ihm nur die Bedeutung eines Urteilsentwurfes zu. Ist die Verkündung zwar ordnungsgemäß erfolgt, aber nicht oder in wesentlichen Punkten nur mangelhaft protokolliert, so ist sie bis zu einer etwa zulässigen Berichtigung des Protokolls mit Rücksicht auf die zwingende Vorschrift des § 164, Ziff. 1 ZPO. unbeweisbar, so daß auch in diesem Falle das Urteil nur die Bedeutung eines Urteilsentwurfes hat. Das entspricht der ständigen Rechtssprechung des Reichsgerichts (vgl. RGZ. Bd. 133, S. 215 und Bd. 148, S. 151 = JW. 1931 S. 2486 und JW. 1935 S. 2812 sowie JW. 1933 S. 514, 1936 S. 1903 und S. 3313, 1937 S. 1664), der sich der Senat anschließt.

Daraus folgt nun zwar, daß in der Regel das durch den „Entwurf" nur scheinbar in der Instanz beendete Verfahren in dieser selben Instanz fortzusetzen und zu einer wirklichen Beendigung zu bringen ist. Ist aber der

„Entwurf" wie ein Urteil behandelt, insbesondere ausgefertigt oder gar zugestellt worden, so muß gegen ihn zumindest wahlweise statt des Antrages auf Fortsetzung der Instanz ein Rechtsmittel dann zugelassen werden, wenn dieses Rechtsmittel gegen ein ordnungsgemäß verkündetes Urteil gleichen Inhalts statthaft wäre. Das ist neben der Möglichkeit der Fortsetzung der Instanz und etwaiger sonstiger Rechtsbehelfe gegen das nur scheinbare Urteil zum Schutze der durch dieses scheinbare Urteil gefährdeten Partei geboten und auch vom Reichsgericht wiederholt anerkannt worden (vgl. RGZ. Bd. 133 S. 215; Bd. 135 S. 118; Bd. 148 S. 151; JW. 1936 S. 1903 und S. 3313 sowie JW. 1937 S. 1664).

Es geht aber nicht an, mit dem Revisionskläger darüber hinaus zu folgern, daß die Revision ohne Rücksicht auf die sonst gemäß §§ 28 ff. DfVO. geltenden Schranken stets zulässig sei, wenn sie sich auf mangelhafte Verkündung des Urteils stütze. Der der Natur der Sache entsprechende und zum mindesten bis zu etwa zulässiger Einlegung der Revision gegebene Weg ist, beim Berufungsgericht die Fortdauer der Berufungsinstanz geltend zu machen. Die Gewährung der Revision gegen den Urteilsentwurf kann, wenn man den Rahmen des Gesetzes nicht ganz verlassen will, nur unter den allgemein geltenden Voraussetzungen für die Zulässigkeit der Revision in Frage kommen. Ein allgemeiner Grundsatz des Inhalts, daß erhebliche Verfahrensmängel stets zur Möglichkeit der Anrufung einer höheren Instanz führen müßten, ist dem Zivilprozeßrecht fremd. Es ist aber auch, abgesehen von der Frage anderer Rechtsbehelfe zur Unterbindung der Urteilswirkungen eines bloßen Urteilsentwurfes, kaum zu befürchten, daß ein Gericht, dem schwerwiegende Fehler in der Verkündung seiner Entscheidung oder deren Protokollierung dargelegt werden, das Begehren auf ordnungsmäßige Beendigung der Instanz ablehnen werde. Zurückweisung eines solchen Antrages ist allenfalls denkbar, wenn nur Verstöße gerügt werden, die die Tatsache der Verkündung, des Verkündungszeitpunktes und der Identität der ausgefertigten mit der verkündeten Entscheidung nicht berühren und in ihrer formalrechtlichen Bedeutung zum mindesten anzweifelbar erscheinen können. Die Zuständigkeit des Gerichts selbst, das das fehlerhafte Urteil erlassen hat, zur Abstellung des Mangels, unterscheidet diesen Fall von dem des absoluten Revisionsgrundes des § 30 Ziff. 1 DfVO. — Unzulässigkeit des Rechtsweges oder der Berufung — und verbietet eine sonst etwa zu erwägende analoge Erstreckung jener Sondervorschrift auf den Fall mangelhaft verkündeter Entscheidungen.

Entgegen der Annahme des Revisionsklägers ist also die Revision gegen den ausgefertigten Urteilsentwurf nur dann — aber auch stets dann — zulässig, wenn sie auch gegen das ordnungsgemäß erlassene Urteil zulässig wäre. Daraus folgt, daß es für die hier zu entscheidende Frage der Zulässigkeit der Revision nicht darauf ankommt, ob das angegriffene Urteil vom 5. Januar 1948 ordnungsgemäß verkündet und die Verkündung ordnungsgemäß protokolliert ist.

II.

Gegen vor dem 9. Februar 1948 verkündete Urteile der Oberlandesgerichte der Britischen Zone in bürgerlichen Rechtsstreitigkeiten ist Revision nicht zulässig. Das ergibt sich zur Gewißheit bei Betrachtung der Gesetzesentwicklung zur Frage der Zulassung der Revision.

Bereits das Kontrollratsgesetz Nr. 4 hatte vorgesehen, daß die Oberlandesgerichte als „endgültige" Berufungsinstanz tätig sein sollten, und das Gesetz Nr. 2 der Militärregierung hatte in Art. 2, Satz 2 angeordnet, daß dem Reichsgericht im besetzten Gebiet bis auf weiteres keine Befugnisse zustehen. Durch übereinstimmende, mit Genehmigung der Militärregierung ergangene Verordnungen der Oberlandesgerichtspräsidenten der Britischen Zone aus Februar/März 1946 war sodann bestimmt worden:

> „Gegen Endurteile und Beschlüsse des Oberlandesgerichts kann ein Rechtsmittel nicht mehr eingelegt werden." (Vgl. VO. des Präsidenten des OLG. Celle vom 15. 3. 1946 Hann. Rpfl. 1946 S. 19, und weiter als Beispiel VO. des Präsidenten des OLG. Hamm vom 28. 2. 1946 — VOBl. für den OLG.-Bezirk Hamm 1946 S. 23.)

Damit war klargestellt, daß das Reichsgericht nicht nur tatsächlich vorübergehend ausgeschaltet war, daß vielmehr das Rechtsmittel der Revision gegen Urteile der Oberlandesgerichte aufgehoben war, die Urteile somit, wie früher bereits die Berufungsurteile der Landgerichte, mit ihrer Verkündung rechtskräftig wurden — § 705 ZPO. —.

Die VO. Nr. 98 der Militärregierung änderte für sich allein noch nichts an diesem Rechtszustande. Sie ist ein Rahmengesetz, das erst im Zusammenhang mit und nach Maßgabe der nach Art. V zu erlassenden DfVO. des Zentraljustizamtes zur Revisibilität der Oberlandesgerichtsurteile in bürgerlichen Rechtsstreitigkeiten führen sollte und konnte. Das ergibt bereits die deutsche Übersetzung, noch deutlicher aber der englische Text. In diesem heißt es, daß der Oberste Gerichtshof errichtet werden „soll" und mit bestimmten Aufgaben betraut werden „soll" („shall"). Ferner wird nach dem englischen Text — Art. V — dem Zentraljustizamt mit Zustimmung der Militärregierung nicht nur die Bestimmung der „Zuständigkeit" .... des Obersten Gerichtshofes vorbehalten, wie es in der deutschen Übersetzung heißt, sondern die Bestimmung der „jurisdiction" ....„ also schlechthin der Gerichtsbarkeit. Schon hieraus ergibt sich, daß die VO. Nr. 98 nur eine verpflichtende Ermächtigung für das Zentraljustizamt schaffen sollte und schuf, dagegen selbst noch nichts an der mit Verkündung eintretenden Rechtskraft der Oberlandesgerichtsurteile änderte. Es war aber auch nicht der Sinn dieser Verordnung, einem etwa in Erscheinung getretenen Bedürfnis nach verstärktem Rechtsschutz für den einzelnen mit möglichster Beschleunigung abzuhelfen, sondern, wie ihr Vorspruch ergibt, eine Instanz im Interesse der Erhaltung und Förderung der Rechtseinheit in der Britischen Zone zu schaffen. Auch das läßt erkennen, daß die VO. Nr. 98 nicht darauf abzielte, die Rechtskraft der nach ihrem Inkrafttreten verkündeten Oberlandesgerichtsurteile in Frage zu stellen, bevor die DfVO. des Zentraljustizamtes mit Zustimmung der Militärregierung näher bestimmte, in welchem Umfang und von welchem Zeitpunkt ab jene Urteile anfechtbar sein sollten. Wortlaut und Sinn der VO. Nr. 98 ergeben also übereinstimmend, daß sie noch nicht ändernd in den bis dahin geltenden Rechtszustand eingriff. Sie schuf weder bereits die endgültige noch auch nur, wie die Revision meint, eine „potentielle" Revisibilität, sondern für den einzelnen zunächst lediglich eine Aussicht auf demnächstige Wiedergewährung des Rechtsmittels nach näherer Maßgabe der DfVO. Es kann der Revision auch nicht zugegeben werden, daß bei solcher Auffassung dem Art. VI der VO. Nr. 98 über das Inkrafttreten dieser VO. am 1. September 1947 keine Bedeutung zukomme. Die Bedeutung dieses Artikels liegt vielmehr darin, daß mit dem 1. September 1947 die Ermächtigung an das Zentraljustizamt wirksam wurde.

Die DfVO. vom 17. November 1947 begründete unter den näheren Voraussetzungen der §§ 27 ff. die Anfechtbarkeit der Oberlandesgerichtsurteile vom 1. Januar 1948 ab — § 41 DfVO. —.

Das bedeutete nicht nur, daß vor dem 1. Januar 1948 noch keine Revision eingelegt werden konnte, sondern daß vor dem 1. Januar 1948 verkündete Urteile überhaupt nicht, auch nicht nach dem 1. Januar 1948, der Revision unterlagen. Hätte die Durchführungsverordnung an dem bis zu ihrem Inkrafttreten geltenden Rechtszustand des Eintritts der Rechtskraft der Oberlandesgerichtsurteile mit ihrer Verkündung etwas ändern wollen, so hätte sie diesen einschneidenden Gedanken zum Ausdruck bringen müssen und sicher auch zum Ausdruck gebracht. Das ist nicht geschehen. Insbesondere kann man eine solche Rückwirkung nicht mit dem Revisionskläger aus dem § 31 DfVO. in Verbindung mit § 552 ZPO. herauslesen. Der Revisionskläger meint, durch die Bezugnahme auf § 552 ZPO. sei zum Ausdruck gebracht, daß vom Inkrafttreten der DfVO. an gegen alle inhaltlich revisiblen Oberlandesgerichtsurteile die Revision als zulässig angesehen werden müsse, bezüglich derer die Fristen von einem Monat seit Zustellung oder sechs Monaten seit Verkündung des Urteils gemäß § 552 ZPO. noch nicht abgelaufen seien. Er will lediglich insofern eine Einschränkung machen, als er Urteile aus der Zeit vor dem Inkrafttreten der VO. Nr. 98 der Militärregierung, also vor dem 1. September 1947, der Revision für schlechthin entzogen hält, so daß also die 6-Monatsfrist seit Verkündung praktisch nicht in Frage komme. Diese Ansicht erscheint irrig, weil die Fristen des § 552 ZPO. vor dem Inkrafttreten der DfVO. überhaupt nicht galten. Daß sie früher für die Revision an das Reichsgericht gegolten hatten, darf nicht darüber hinwegtäuschen, daß sie rechtlich, mit dem Rechtsmittel der Revision überhaupt, vor dem

1. Januar 1948 nicht mehr bestanden. Es wäre schon an sich ein völlig ungewöhnlicher Rechtszustand, nachträglich einen Fristenlauf für ein noch nicht existierendes Rechtsmittel zu konstruieren. Vor allem aber wären die Ergebnisse untragbar: Die Partei, die Revision gegen ein vor dem 1. Dezember 1947 zugestelltes Urteil hätte einlegen wollen, hätte die Monatsfrist seit Zustellung ablaufen lassen müssen, ohne die Frist durch Einlegung der Revision wahren zu können; denn auch nach Meinung des Revisionsklägers konnte vor dem 1. Januar 1948 Revision nicht eingelegt werden. Vom Zufall des Zustellungszeitpunktes wäre also die Möglichkeit oder Unmöglichkeit der Revision gegen gleichzeitig verkündete Urteile aus der Zeit vor dem 1. Dezember 1947 abhängig gewesen.

Geht somit die Ansicht der Revision fehl, daß sich aus §§ 31 DfVO. und 552 ZPO. die Rückwirkung der DfVO. auf die Zeit vor dem 1. Januar 1948 ergebe, so fehlt es an jedem Anhalt für eine solche Rückwirkung. Urteile aus der Zeit vor dem 1. Januar 1948 wurden also mit Verkündung rechtskräftig. Die amtliche Begründung (Zentraljustizblatt 1947 S. 119) spricht das nicht nur, wie die Revision meint, als eine in der Verordnung nicht zum Ausdruck gekommene unmaßgebliche Ansicht des Gesetzgebers, sondern in zutreffender Auslegung der DfVO. aus.

Die durch die DfVO. geschaffene Möglichkeit der Revision gegen seit dem 1. Januar 1948 verkündete Urteile wurde durch die VO. vom 13. Januar 1948 (VOBl. BZ. S. 10) rückwirkend wieder aufgehoben. Diese VO. hielt lediglich das Inkrafttreten des organisatorischen Abschnittes I der DfVO. vom 17. November 1947 am 1. Januar 1948 aufrecht, hob dagegen das Inkrafttreten des für die Zulässigkeit der Revision maßgeblichen Abschnittes II sowie des Abschnittes III der VO. vom 17. November 1947 rückwirkend auf. Das sagt klar der § 2 der VO. vom 13. Januar 1948. Die VO. verstößt hiermit auch nicht etwa gegen zwingende Grundsätze des Zivilprozeßrechts, geschweige denn gegen Grundsätze von solcher Kraft, daß die VO. insoweit nicht als gültig angesehen werden könnte. Es erübrigt sich, hier auf die vom Revisionskläger angezogenen allgemeinen Grundsätze über die intertemporale Geltung des Zivilprozeßrechts einzugehen. Anerkanntermaßen kommen diese Grundsätze nur zur Anwendung, wo das Gesetz sich nicht über die Frage seiner zeitlichen Geltung ausspricht (vgl. Jonas-Pohle 16. Aufl. Note II zu § 1 EGZPO.). Es gibt kein „wohlerworbenes Recht" des Revisionsklägers auf Aufrechterhaltung der Revisibilität derart, daß ein Gesetz, das diese einmal eingetretene Revisibilität wieder beseitigt, unwirksam wäre (vgl. Jonas-Pohle a. a. O.). Durch die VO. vom 13. Januar 1948 wurde somit rückwirkend der Rechtszustand des Eintritts der Rechtskraft der Oberlandesgerichtsurteile mit ihrer Verkündung wieder geschaffen, wobei es von theoretischer Bedeutung ist, ob man das im Sinne einer Fiktion oder dahin versteht, daß die Urteile aus der Zeit vom 1. bis zum

12. Januar 1948 erst mit dem 13. Januar, aber mit allen Wirkungen so, als ob sie es sogleich geworden wären, rechtskräftig wurden.

Erst die VO. vom 6. Februar 1948 (VOBl. BZ. S. 40) schuf endgültig die Möglichkeit der Revision mit ihrem Inkrafttreten am 9. Februar 1948. Für die Auslegung der VO. gilt alles oben zur Auslegung der DfVO. vom 17. November 1947 Gesagte.

Es ergibt sich somit, daß Revision erst gegen seit dem 9. Februar 1948 verkündete Urteile zulässig ist.

III.

Die Unzulässigkeit der Revision ergibt sich weiterhin daraus, daß es sich um ein Urteil in einer Ehesache handelt, gegen das die Revision im Oberlandesgerichtsurteil nicht zugelassen ist.

Nach §§ 27 Ziff. 1, 29 der DfVO. findet gegen das Endurteil eines Oberlandesgerichts die Revision nur statt, wenn sie in dem Urteil zugelassen ist oder wenn bei vermögensrechtlichen Ansprüchen der Wert des Beschwerdegegenstandes 6000 RM übersteigt. Danach ist in vermögensrechtlichen Streitigkeiten die Zulässigkeit der Revision sowohl nach dem Streitwertprinzip (Wert des Beschwerdegegenstandes über 6000 RM) als auch nach dem Zulassungsprinzip bestimmt, in nichtvermögensrechtlichen Streitigkeiten dagegen ausschließlich nach dem Zulassungsprinzip. Von dem Grundsatz des § 29 DfVO. macht allerdings § 30 DfVO. zwei die Zulässigkeit erweiternde Ausnahmen. Die erste Ausnahme — § 30 Ziff. 1 — kommt hier nicht in Betracht. Dagegen ist zu prüfen, ob gemäß der Ansicht des Revisionsklägers aus § 30 Ziff. 2 DfVO. zu folgern ist, daß die Revision in Ehesachen auch ohne ihre Zulassung im Oberlandesgerichtsurteil statthaft sei. Der Revision ist zuzugeben, daß § 30 DfVO. sich in zwei wesentlichen Beziehungen von seinem Vorgänger, dem § 547 ZPO., unterscheidet. § 547 ZPO. bezog sich in seinem Gesamtinhalt eindeutig nur auf vermögensrechtliche Streitigkeiten. Das folgt schon aus seiner Stellung im Rahmen der §§ 545—547 ZPO. § 545 ZPO. enthielt die Regel, wonach die Revision gegen die in der Berufungsinstanz von den Oberlandesgerichten erlassenen Endurteile stattfand, § 546 ZPO. machte hiervon eine einschränkende Ausnahme nach dem Streitwertprinzip lediglich für vermögensrechtliche Streitigkeiten und § 547 ZPO. stellte wiederum Unterausnahmen nur von dieser Ausnahme des § 546 ZPO. auf. Demgegenüber betrifft § 29 DfVO., wie bereits gesagt, sowohl vermögensrechtliche als auch nichtvermögensrechtliche Streitigkeiten, und § 30 DfVO. schließt sich an diese somit allgemein geltende Vorschrift an. Diesem Unterschied im Aufbau entspricht auch der Unterschied in den Eingangsworten. § 547 ZPO. kennzeichnete sich durch die Fassung: „Ohne Rücksicht auf den Wert des Beschwerdegegenstandes findet die Revision statt", deutlich als nur auf vermögensrechtliche Streitigkeiten bezüglich, da nur bei solchen die ZPO. auf den Wert des Beschwerdegegenstandes abstellt. § 30 DfVO. sagt demgegenüber allgemeiner: „Die Revision ist unbeschränkt zulässig." § 30 DfVO. ist also in seinem Gesamtinhalt nicht etwa von vorneherein nur auf vermögensrechtliche Streitigkeiten zu beziehen, und in der Tat ist die Ausnahme des § 30 Ziff. 1 DfVO. auf alle Rechtsstreitigkeiten anzuwenden. Da entgegen dem Standpunkt der ZPO. die Revision in nichtvermögensrechtlichen Streitigkeiten nicht mehr schlechthin, sondern nur noch im Falle der Zulassung stattfindet, war es geboten, die Kontrolle der Zulässigkeit des Rechtsweges und der Berufungsinstanz ohne Rücksicht auf die Zulassung der Revision im Oberlandesgerichtsurteil dem Revisionsgericht durch Sondervorschrift stets offenzuhalten. Nur so war auch nach Einführung des Zulassungsprinzips zu erreichen, daß das Revisionsgericht in jedem Falle, auch in nichtvermögensrechtlichen Streitigkeiten, das Mindestmaß an Rechtsschutz durch Gewährung der ersten und zweiten Instanz dort, wo dieser Rechtsschutz nach dem Gesetz zusteht, garantieren, umgekehrt aber ein unzulässiges sachliches Eingehen der unteren Instanzen auf ein Rechtsschutzbegehren ausräumen kann. § 30 Ziff. 1 DfVO. ist demnach auch auf nichtvermögensrechtliche Streitigkeiten zu beziehen und erklärt damit Stellung und Eingangsformel des § 30 DfVO. in ihren Unterschieden gegenüber dem früheren § 547 ZPO.

Anders steht es dagegen mit § 30 Ziff. 2 DfVO. Schon der Wortlaut dieser Vorschrift läßt erkennen, daß sie nur für vermögensrechtliche Streitigkeiten gelten soll. Von „Ansprüchen, für welche die Landgerichte ohne Rücksicht auf den Wert des Streitgegenstandes ausschließlich zuständig sind", spricht die ZPO. nur in bezug auf vermögensrechtliche Streitigkeiten. Der Ausdruck geht zurück auf § 71 Abs. 2 des GVG. und wird von hier übernommen in § 511a Abs. 4 ZPO. und den früheren § 547 Ziff. 2 ZPO. — jetzt § 30 Ziff. 2 DfVO. —. An allen Stellen bezieht er sich eindeutig nur auf vermögensrechtliche Streitigkeiten. Die ausschließliche Zuständigkeit der Landgerichte für nichtvermögensrechtliche Streitigkeiten ergibt sich bereits aus §§ 71 Abs. 1 in Verbindung mit 23 GVG. und § 40 Abs. 2 ZPO. Den Amtsgerichten sind danach praktisch lediglich gewisse vermögensrechtliche Streitigkeiten zugewiesen (vgl. Jonas-Pohle § 1 Note III und Fußnote 41), für alle nichtvermögensrechtlichen Streitigkeiten ist das Landgericht, und zwar gemäß § 40 Abs. 2 ZPO. ausschließlich, zuständig; auch § 606 ZPO. sagt bezüglich der sachlichen Zuständigkeit der Landgerichte in Ehesachen also nur etwas ohnehin Gültiges. Die Ausnahmen des § 71 Abs. 2 GVG. beziehen sich somit nur auf vermögensrechtliche Streitigkeiten und eben dies trifft beim Vergleich der §§ 511, 511a ZPO. sowie der früheren §§ 545—547 Ziff. 2 ZPO. in Erscheinung. Berufung und Revision sind oder waren danach in nichtvermögensrechtlichen Streitigkeiten ohnehin stets zulässig, die weitere Regelung in Ausnahme und Unterausnahme konnte und sollte also nur vermögensrechtliche Streitigkeiten betreffen.

Es ist nicht ersichtlich, daß § 30 Ziff. 2 DfVO., der den Wortlaut der drei genannten Gesetzesstellen übernimmt, im Sinn von diesen abweichen sollte. Im Gegenteil ergibt eine nähere Betrachtung, daß auch § 30 Ziff. 2 DfVO. nur für vermögensrechtliche Streitigkeiten gelten kann. Da nach § 40 Abs. 2 ZPO. die Zuständigkeit in nichtvermögensrechtlichen Streitigkeiten stets eine ausschließliche ist, würde die Beziehung des § 30 Ziff. 2 DfVO. auf nichtvermögensrechtliche Streitigkeiten dazu führen, daß in solchen die Revision stets zulässig wäre. Damit würde aber § 30 Ziff. 2 das in § 29 DfVO. normierte Zulassungsprinzip für nichtvermögensrechtliche Streitigkeiten völlig ausschalten, § 29 DfVO. wäre entgegen seinem Wortlaut im Ergebnis lediglich auf vermögensrechtliche Streitigkeiten zu beziehen. Daß das nicht der Sinn der DfVO. sein kann, ist klar.

Endlich wäre die Annahme, daß die Revision in Ehesachen ohne Rücksicht auf die Zulassung im Oberlandesgerichtsurteil statthaft sei, auch im Ergebnis nicht zu verstehen. Die aus zwingenden Entlastungsgründen vorübergehend bereits durch VO. vom 15. Januar 1924 (RGBl. I S. 29), endgültig sodann durch Kap. II, Art. I Abs. 2 des ersten Teiles der Notverordnung vom 14. Juni 1932 (RGBl. I S. 285) angeordnete Fernhaltung der Masse der Ehesachen vom Revisionsgericht wäre kurzerhand abgelehnt, und zwar, ohne daß diese einschneidende Tatsache auch nur mit einem Wort in der amtlichen Begründung zur DfVO. erwähnt wäre.

Somit findet in Ehesachen wie in allen nichtvermögensrechtlichen Streitigkeiten die Revision nur statt, wenn sie im Oberlandesgerichtsurteil zugelassen ist.

2. In Angelegenheiten der freiwilligen Gerichtsbarkeit ist eine weitere Beschwerde dem Obersten Gerichtshof gemäß § 28 Abs. 2 FGG. in Verbindung mit § 33 der Durchführungsverordnung vom 17. November 1947 nur dann vorzulegen, wenn das Oberlandesgericht, von dessen Entscheidung abgewichen werden soll, innerhalb der Britischen Zone liegt.

FGG. § 28 Abs. 2, Durchführungsverordnung vom 17. Nov. 1947 § 33.

Beschluß des Plenums vom 30. Juni 1948. PSZ 1/48 — ZB 13/48.

Das Plenum hat den aus der Überschrift ersichtlichen Beschluß gefaßt aus folgenden Gründen:

Der Oberstaatsanwalt hat gemäß § 7 der 5. DfVO. zum Ehegesetz den Antrag auf Feststellung gestellt, daß der verstorbene Ehemann der Beschwerdeführerin berechtigt gewesen wäre, wegen Verschuldens der Beschwerdeführerin auf Scheidung der Ehe zu klagen. Das Landgericht hat die beantragte Feststellung getroffen, gegen diesen Beschluß richtet sich die sofortige Beschwerde, die in erster Linie darauf gestützt wird, daß die 5. DfVO. nicht mehr anwendbar sei. Im übrigen werden auch sonstige formelle und sachliche Einwendungen gegen die Feststellung erhoben.

Das Oberlandesgericht hat zunächst mit zutreffender Begründung die Zulässigkeit der sofortigen Beschwerde bejaht. Es möchte auch die Anwendbarkeit der 5. DfVO. bejahen, sieht sich aber daran gehindert durch den Plenarbeschluß des Oberlandesgerichts in Gera vom 30. November 1946 (DRZ. 1947, S. 128). Es hat Zweifel, ob eine Pflicht zur Vorlage an den Obersten Gerichtshof gemäß § 28 FGG. und § 33 der DfVO. vom 17. November 1947 auch dann besteht, wenn die Entscheidung, von der abgewichen werden soll, von einem außerhalb der Britischen Zone gelegenen Oberlandesgericht erlassen ist. Mangels einer entgegenstehenden Bestimmung hält es die Vorlegung auch in diesem Falle für geboten, da es sich um ein einheitliches Rechtsgebiet handelt.

Die hiernach zur Entscheidung des Zivilsenats gestellte Frage kann in gleicher Weise auch an den Strafsenat herantreten, wenn ein Oberlandesgericht in einer Strafsache von der Entscheidung eines anderen Oberlandesgerichts abweichen will und deshalb die Revision gemäß § 35 Abs. 1 DfVO. dem Obersten Gerichtshof vorlegt.

Der Zivilsenat hat deshalb die zu entscheidende Frage gemäß § 13 DfVO. dem Plenum zur Entscheidung vorgelegt.

Im Vorspruch zur MilRegVO. Nr. 98 über den Deutschen Obersten Gerichtshof für die Britische Zone (Amtsbl. der Militärregierung Deutschland, Britisches Kontrollgebiet Nr. 20 S. 572, VOBl. BZ. 1947 Nr. 25 S. 154) wird die Errichtung des Obersten Gerichtshofes als „im Interesse der Erhaltung und Förderung der Rechtseinheit innerhalb der Britischen Besatzungszone geboten" bezeichnet. Der Name des Gerichts (Art. I Nr. 1 der VO. Nr. 98, § 1 DfVO.) und die Zuständigkeitsbegrenzung des Zentraljustizamtes (MilRegVO. Nr. 41, Bekanntmachung des Präsidenten des Zentraljustizamtes vom 8. Oktober 1947 [VOBl. BZ. 1947 Nr. 1 S. 3]) lassen keinen Zweifel daran, daß die Zuständigkeit des Obersten Gerichtshofes sich auf die Britische Zone beschränkt. Es können bei ihm weder Rechtsmittel gegen Entscheidungen von Gerichten aus anderen Zonen angebracht noch ihm Rechtsfragen von Gerichten aus anderen Zonen vorgelegt werden.

In der amtlichen Begründung zu § 33 DfVO. vom 17. November 1947 (ZJBl. S. 114 ff. [118]) ist gesagt, der Stichtag vom 1. Oktober 1945 decke sich zeitlich mit der Wiedereröffnung der Gerichte in der Britischen Zone. Auch daraus ist der Schluß zu ziehen, daß der Gesetzgeber nur an die Rechtsprechung innerhalb der Britischen Zone gedacht hat.

Die Sicherung und Erhaltung der Rechtseinheit im Wege der Rechtsprechung kann von allen Gerichten gefördert werden durch eine weitgehende Berücksichtigung aller in der Rechtsprechung und im Schrifttum hervortetenden Meinungen, mögen sie aus der gleichen Zone oder aus einer anderen Zone stammen. Je sorgfältiger ein Gericht seine Rechtsmeinung unter Berücksichtigung abweichender Meinungen begründet, umso eher wird es darauf rechnen können, andere Gerichte zu überzeugen und zur Rechtseinheit beizutragen. Der Oberste Gerichtshof hat neben der Entscheidung über die ihm vorgelegten Revisionen eine besondere Aufgabe insofern, als die Oberlandesgerichte verpflichtet sind, ihm weitere Beschwerden in Angelegenheiten der freiwilligen Gerichtsbarkeit (§ 28 Abs. 2 FGG. in Verbindung mit § 33 VO.) und Revisionen in Strafsachen (§ 35 Abs. 1 VO.) dann vorzulegen, wenn sie von einer Entscheidung eines anderen Oberlandesgerichts oder des Obersten Gerichtshofs abweichen wollen. Da diese Bindung nur für die Oberlandesgerichte der Britischen Zone besteht, die Tätigkeit des Obersten Gerichtshofs auf das Zonengebiet beschränkt ist und ihm nur Oberlandesgerichte der Britischen Zone Sachen zur Entscheidung vorlegen können, so wird die Einheitlichkeit der Rechtsprechung auf diesem Wege auch nur innerhalb der Britischen Zone und nicht auch gegenüber den Gerichten anderer Zonen gesichert. Es würde auf eine nur teilweise Anwendung der genannten Vorschriften hinauslaufen, wenn man die Anrufung des Obersten Gerichtshofs für die Britische Zone bei beabsichtigter Abweichung von der Entscheidung eines außerhalb der Britischen Zone gelegenen Oberlandesgerichts für erforderlich erachten würde, ohne daß die Bindung an die Rechtsauffassung des Obersten Gerichtshofs über die Grenzen der Britischen Zone hinaus gesichert wäre. Da die Oberlandesgerichte der anderen Zonen rechtlich nicht gehindert wären, ihre bisherige Meinung weiter zu vertreten oder einen anderen abweichenden Standpunkt einzunehmen, so würde die erstrebte Rechtseinheit auf diesem Wege nicht gefördert werden können.

Aus diesen Gründen mußte die vorgelegte Frage im Einvernehmen mit dem Generalstaatsanwalt verneint werden.

Eine andere Frage ist es, ob die Vorlegung der Revision in einer Strafsache damit begründet werden kann, die beabsichtigte Abweichung von der Entscheidung eines Oberlandesgerichts einer anderen Zone erweise die Grundsätzlichkeit der zu entscheidenden Frage (§ 35 Abs. 2 der VO. vom 17. 11. 1947).

---

3. Hat das Oberlandesgericht nicht über eine weitere Beschwerde, sondern über eine erste Beschwerde zu entscheiden, so kommt eine Vorlegung an den Obersten Gerichtshof nicht in Frage.

FGG. § 28 Abs. 2, Durchführungsverordnung vom 17. Nov. 1947 § 33.

Zivilsenat. Beschluß vom 30. Juni 1948, ZB 13/48.

I. Landgericht Hannover.
II. Oberlandesgericht Celle.

Eine Vorlegung schreibt § 28 Abs. 2 FGG. nur für weitere Beschwerden vor, und hier handelt es sich nicht um eine solche, sondern um eine erste Beschwerde. Es mag zugegeben werden, daß zur Zeit des Erlasses des Gesetzes sämtliche Verfahren der freiwilligen Gerichtsbarkeit ihren Ausgang vom Amtsgericht nahmen und deshalb an das Oberlandesgericht überhaupt nur weitere Beschwerden gegen Beschwerdeentscheidungen der Landgerichte gelangen konnten. Davon bildet die 5. DfVO. zum Ehegesetz eine Ausnahme, hier gelangen an das Oberlandesgericht die ersten Beschwerden gegen die erstinstanzlichen Entscheidungen des Landgerichts, also keine weiteren Beschwerden. Diese sind hier überhaupt ausgeschlossen (§ 4). Ebenso wie auf allen anderen Gebieten der freiwilligen Gerichtsbarkeit wäre es wünschenswert, eine Einheitlichkeit der Rechtsprechung zwischen den verschiedenen Oberlandesgerichten herbeizuführen, und es könnte eine entsprechende Anwendung des § 28 Abs. 2 FGG. auf solche Beschwerden in Erwägung gezogen werden. Dem steht aber entgegen, daß die weitere Beschwerde entgegen der ersten Beschwerde nur auf Rechtsverletzung gestützt werden kann. Nur aus diesem Grunde war es möglich, gemäß § 28 Abs. 3 FGG. dem Reichsgericht nicht nur die Entscheidung über die Rechtsfrage (etwa in Form eines Rechtsentscheides) zu übertragen, sondern die Entscheidung über die Beschwerde selbst an Stelle des Oberlandesgerichts. Diese Möglichkeit ist dann ausgeschlossen, wenn neben Rechtsfragen auch Tatfragen zur Entscheidung stehen, deren Prüfung sich das an die Stelle des Reichsgerichts getretene Gericht in keinem Falle unterziehen kann. Eine Zwischenlösung, nach der der Oberste Gerichtshof sich auf die Entscheidung von Rechtsfragen beschränkte und dem Oberlandesgericht die Entscheidung über die auf tatsächlichem Gebiet liegenden Beschwerdepunkte überlassen würde, entbehrt jeder gesetzlichen Grundlage; die Schaffung einer solchen Möglichkeit unter Berücksichtigung aller sich dabei ergebenden Fragen muß dem Gesetzgeber überlassen bleiben Bei der gegenwärtigen Gesetzeslage ist dem Obersten Gerichtshof keine Möglichkeit gegeben, im Rahmen des § 28 FGG. tätig zu werden, wenn es sich nicht um weitere Beschwerden handelt.

---

4. 1. Die Vorlegung einer Sache an den Obersten Gerichtshof hat nicht schon dann zu erfolgen, wenn das Oberlandesgericht von der Entscheidung eines anderen Senats des gleichen Oberlandesgerichts abweichen will.

2. Im Verfahren nach der 6. Durchführungsverordnung zum Ehegesetz (Hausratsverordnung) ist gegen Beschwerdeentscheidungen die sofortige Beschwerde gegeben.

FGG. § 28 Abs. 2, Durchführungsverordnung vom 17. Nov. 1947 § 33, Sechste Durchführungsverordnung zum Ehegesetz vom 21. Okt 1944 § 14.

Zivilsenat. Beschluß vom 15. Juli 1948. ZB 12/48.

I. Amtsgericht Celle.
II. Landgericht Lüneburg.
III. Oberlandgericht Celle.

Gründe

Die Parteien sind geschiedene Eheleute. Sie streiten um die Zuweisung der früheren Ehewohnung, die sie gemeinschaftlich gemietet haben und in der auch die Eltern der Antragsgegnerin sich aufhalten. In der Wohnung befindet sich eine Heißmangel, für die der Gewerbebetrieb auf den Namen der Mutter der Frau angemeldet ist.

Das Amtsgericht hat ohne Anhörung der Hauseigentümerin und der Eltern der Antragsgegnerin die Wohnung und die Heißmangel dem Antragsteller zugesprochen, das Landgericht hat diese Entscheidung bestätigt. Gegen diese Entscheidung hat die Frau fristgemäß sofortige weitere Beschwerde eingelegt und diese mit einer Reihe von Ausführungen begründet; aus denen hier die Rüge hervorzuheben ist, daß weder die Vermieterin noch die Eltern der Antragsgegnerin in dem Verfahren gehört worden sind.

Das Oberlandesgericht hat zunächst geprüft, ob gegen diese Entscheidung des Landgerichts angesichts der Bestimmung des § 14 der

Sechsten Durchführungsverordnung zum Ehegesetz (Hausrat-VO.) vom 21. 10. 1944 (RGBl. I S. 256) eine weitere Beschwerde zulässig ist. Es möchte die Zulässigkeit bejahen, sieht sich aber daran gehindert durch die Entscheidung des Hanseatischen Oberlandesgerichts Hamburg (Schleswig-Holsteinische Anzeigen 1946 S. 129) und die Entscheidung des Oberlandesgerichts Gera (NJ 1947 S. 189), sowie durch eine nicht abgedruckte Entscheidung des Oberlandesgerichts in Celle 4 Wx 1/47.

Die Sache wurde an das Amtsgericht zurückverwiesen.

I. § 28 Abs. 2 FGG. fordert die Vorlegung einer Sache an das Reichsgericht nur dann, wenn das Oberlandesgericht von der Entscheidung e i n e s a n d e r e n Oberlandesgerichts abweichen will. Diese Bestimmung ist nicht auf den Fall auszudehnen, daß es sich um eine Abweichung von der Entscheidung eines anderen Senats des g l e i c h e n Oberlandesgerichts handelt. Das gilt zumal dann, wenn durch entsprechende Bestimmung der Geschäftsverteilung inzwischen sichergestellt ist, oder wird, daß in Zukunft bei dem gleichen Oberlandesgericht über die gleichen Rechtsgebiete der freiwilligen Gerichtsbarkeit immer der gleiche Senat entscheidet.

Das Oberlandesgericht Gera gehört nicht zur Britischen Zone, seine Entscheidungen sind daher für die Frage der Vorlegung gemäß § 28 Abs. 2 FGG. nicht zu berücksichtigen, wie der Oberste Gerichtshof in seinem zum Abdruck bestimmten Beschluß vom 30. 6. 1948 (PZS. 1/48 — ZB 13/48)*) entschieden hat. Auf diesen Beschluß wird verwiesen.

Deshalb hätte das Oberlandesgericht von der Entscheidung der Oberlandesgerichte Celle und Gera abweichen können, ohne daß diese Abweichung Anlaß zur Vorlegung der Sache an den Obersten Gerichtshof gegeben hätte.

Mit Rücksicht auf die Entscheidung des Hanseatischen Oberlandesgerichts Hamburg war die Vorlegung geboten, obwohl inzwischen ein anderer Zivilsenat des Oberlandesgerichts in Hamburg im Beschluß vom 19. Juni 1947 (mitgeteilt in einer Anmerkung der Schriftleitung der Schl.-Holst. Anzeigen 1946 S. 129) den gleichen Standpunkt eingenommen hat, den jetzt das Oberlandesgericht Celle vertritt.

II. Der Senat schließt sich der Auffassung an, daß die weitere Beschwerde trotz der vielleicht nicht ganz eindeutigen Fassung des § 14 der 6. DfVO. zum Ehegesetz zulässig ist. Das Hanseatische Oberlandesgericht Hamburg hat seine gegenteilige Meinung nur mit der Erwägung begründet, die Anwendbarkeit des § 27 FGG. und damit die Zulässigkeit der weiteren Beschwerde folge nicht schon daraus, daß das Verfahren der Hausratsverordnung als eine Angelegenheit der freiwilligen Gerichtsbarkeit bezeichnet ist. Auch wenn man diesen Satz an sich für richtig hält, so beweist er doch auch nicht das Gegenteil, nämlich die Unanwendbarkeit

---

*) Abgedruckt Seite 10.

des § 27 FGG. Das Oberlandesgericht Gera stützt seine Schlußfolgerung einmal auf die Absicht des Gesetzgebers, das Verfahren mit möglichster Beschleunigung durchzuführen, und sodann auf die Erwägung, daß gerade bei Entscheidungen nach dieser Verordnung wohl nur höchst selten eine Rechtsverletzung möglich sei. Diese Erwägungen vermögen jedoch nicht zu überzeugen. Gewiß ist es richtig, daß es sich bei den hier zu treffenden Entscheidungen in weitem Umfange um solche des richterlichen Ermessens handelt, aber das gleiche gilt auch für Entscheidungen auf manchen anderen Gebieten der freiwilligen Gerichtsbarkeit, auf denen das Gesetz keinen Zweifel an der Zulässigkeit einer weiteren Beschwerde läßt. Die zum Teil lebenswichtige Bedeutung der Regelung für die Beteiligten erfordert — bei aller gebotenen Beschleunigung — die Gewährung eines weitgehenden Rechtschutzes, und wenn auch Gesetzesverletzungen selten sein mögen, so sind sie nicht ausgeschlossen und erfordern dann eine Nachprüfung durch ein höchstes Gericht. Deshalb ist den Einwendungen von Nathan (NJ 1947 S. 189) und Fenner (NJ 1948 S. 47) gegen die Beweisführung des Oberlandesgerichts Gera in Übereinstimmung mit den Ausführungen des Oberlandesgerichts Freiburg (DRZ 1948 S. 139) beizutreten.

Die weitere Beschwerde muß daher wie in allen anderen Angelegenheiten der freiwilligen Gerichtsbarkeit für zulässig erachtet werden, falls nicht das Gesetz selbst das Gegenteil vorschreibt. Deutsch (NJ 1948 S. 46) will die Unzulässigkeit der weiteren Beschwerde damit begründen, daß die Hausratsverordnung eine lex specialis sei und deshalb für sich allein ausgelegt werden müsse. Einen solchen Maßstab kann man aber an eine im Jahre 1944 erlassene Verordnung nicht anlegen. Mit Recht weist Fenner (NJ 1948 S. 47) darauf hin, daß z. B. die Vertragshilfeverordnung vom 30. November 1939 (RGBl. I S. 2329) im § 29 die weitere Beschwerde ausdrücklich ausschließt. Diese Verordnung kann gegenüber dem FGG. mit mehr Recht als eine lex specialis bezeichnet werden als die Hausratsverordnung, und wenn die Beweisführung von Deutsch richtig wäre, so wäre dieser besondere Ausschluß der weiteren Beschwerde in 29 VHVO. überflüssig.

Die Vorschrift des § 14 hat hiernach nur die Bedeutung, daß — eben wegen der gebotenen Beschleunigung — an die Stelle der sonst üblichen einfachen Beschwerde die *sofortige* Beschwerde tritt. Dadurch wird die Zulässigkeit der weiteren Beschwerde nicht berührt (vergl. Oberlandesgericht Düsseldorf, NJW 1948 S. 303). Es kann dahingestellt bleiben, ob die weitere Beschwerde in der Hausratsverordnung deshalb nicht erwähnt ist, weil sie damals infolge der Vorschriften der II. Kriegsmaßnahmenverordnung ohnehin nicht in Frage kam (OLG. Kiel, Schleswig-Holsteinische Anzeigen 1946 S. 189; 1947 S. 254) oder weil der Gesetzgeber die Zulässigkeit für selbstverständlich hielt. Entscheidend ist, daß die weitere Beschwerde nicht ausdrücklich ausgeschlossen ist.

III Nach § 28 Abs. 3 FGG. in Verbindung mit § 33 Abs. 1 DV. vom 17. 11. 1947 hat der Senat über die weitere Beschwerde selbst zu entscheiden. Die zu ihrer Rechtfertigung vorgebrachten Gründe liegen zum Teil auf dem Gebiet der Tatsachenwürdigung und des freien Ermessens, sie sind insoweit der Nachprüfung durch das Gericht der weiteren Beschwerde entzogen. Begründet ist aber die Verfahrensrüge, daß die nach § 7 der 6. DVO. vorgeschriebene Beteiligung des Vermieters unterblieben ist (OLG. Hamm im Justizministerialblatt für Nordrhein-Westfalen 1948 S. 119). Die von der Antragsgegnerin eingereichte Erklärung der Vermieterin kann weder der Form noch dem Inhalt nach die vorgeschriebene Anhörung ersetzen. Es wäre ferner zu prüfen gewesen, ob die Eltern der Antragsgegnerin bezüglich der Räume mit ihr in einer Rechtsgemeinschaft stehen, die auch ihre Beteiligung erfordert. Nach der allgemeinen Lebenserfahrung werden heute manche Gründe für die Bejahung der Frage sprechen.

---

5. Ob ein nach § 48 Abs. 2 Satz 1 EheGes. zulässig erhobener Widerspruch berechtigt ist oder nicht — § 48 Abs. 2 Satz 2 EheGes. —, ist allein vom Standpunkt sittlicher Wertung aus im Einzelfall unter Abwägung aller für und wider streitenden Umstände zu entscheiden.

Derselbe Tatbestand, der die Zerrüttung ergibt, kann im Einzelfall genügen, um die sittliche Untragbarkeit der Ehe auch trotz der Schuld des klagenden Gatten darzutun, reicht aber — gegen die Rechtsprechung des Reichsgerichts — nicht grundsätzlich dazu aus. Der Schuldtatbestand des § 48 Abs. 2 Satz 1 EheGes. kann im Einzelfall dazu genügen, die sittliche Tragbarkeit der Ehe trotz ihrer Zerrüttung darzutun, reicht aber — gegen die in der neueren Rechtsprechung der Oberlandesgerichte vorherrschenden Annahme — nicht grundsätzlich dazu aus.

EheGes. § 48 Abs. 2.

Zivilsenat. Urt. v. 31. Mai 1948 i. S. Ehemann E. (Kl.) w. Ehefrau E. (Bekl.). ZS 12/48.

I. Landgericht Krefeld.
II. Oberlandesgericht Düsseldorf.

Die Parteien, der Kläger geboren 1901, die Beklagte 1897, haben am 4. Juli 1925 die Ehe geschlossen. Aus der Ehe sind zwei 1927 und 1930 geborene Söhne hervorgegangen. Der Kläger hat als Arbeiter einen Monatsverdienst von 160 RM. Der letzte eheliche Verkehr der Parteien hat um Pfingsten 1941 stattgefunden. Am 12. Juli 1941 verließ der Kläger seine Familie und lebt seitdem von der Beklagten getrennt Gleich nach der Trennung beantragte der Kläger das Armenrecht für eine Scheidungsklage aus § 49 des alten Ehegesetzes mit der Begründung, die Beklagte sei zänkisch und unwahrhaftig, mache ihm unberechtigte Vorwürfe und habe seine Mutter schwer beschimpft, auch weigere sie ihm den ehelichen Verkehr.

Die Beklagte bestritt die Vorwürfe des Klägers und behauptete ihrerseits, der Kläger sei Säufer, quäle und prügele sie und die Kinder und unterhalte Dirnenverkehr.

Das Armenrechtsgesuch wurde abgelehnt.

Der Kläger lebt in eheähnlichem Verhältnis mit einem Frl. K., aus dem ein 1944 geborener Sohn hervorgegangen ist. Er hat 1944 Klage aus § 55 des alten EheGes. erhoben. Gegenüber dem Widerspruch der Beklagten hat er geltend gemacht, die Beklagte verfolge ihn mit Haß und habe ihn 1943 wegen angeblichen Schwarzhandels angezeigt, mit der Folge, daß er acht Tage in Haft gehalten worden sei.

Die Klage wurde in beiden Instanzen abgewiesen. Das Berufungsgericht führt aus:

Der Kläger habe stark getrunken, die Beklagte wiederholt schwer mißhandelt, hierdurch sowie durch einen von ihm zugegebenen Ehebruch aus dem Jahre 1938 schon vor der Trennung der Parteien die Ehe schuldhaft zerrüttet und die Zerrüttung dann durch sein Verhältnis mit der K. weiter vertieft. Die Richtigkeit der Vorwürfe des Klägers gegen die Beklagte unterstellt, könne dieses Verhalten der Beklagten doch nur als Reaktion auf das Verhalten des Klägers gewertet werden. Die Anzeige wegen Schwarzhandels habe die Beklagte nach ihrem glaubhaften Vorbringen nur erstattet, um sich selbst der Gefahr einer strafrechtlichen Verfolgung zu entziehen. Es sei daher Alleinverschulden, zumindest überwiegendes Verschulden des Klägers an der Zerrüttung der Ehe anzunehmen. Der Widerspruch der Beklagten sei daher zulässig. Er sei auch beachtlich, und zwar sei der Widerspruch grundsätzlich zu beachten, es sei denn, daß eine Ausnahme im Sinne des § 48 Abs. 2 Satz 2 des EheG. vorliege. Gründe, die eine Aufrechterhaltung der Ehe nach sittlichen Grundsätzen nicht rechtfertigen würden, seien nicht ersichtlich, vielmehr würde es umgekehrt in keiner Weise sittlich gerechtfertigt sein, dem Kläger, der die Ehe gebrochen und auch sonst durch sein Verhalten die Ehe der Parteien zerrüttet habe, nunmehr durch Ausspruch der Scheidung einen Freibrief zu erteilen und die Beklagte nach mehr als 22jähriger Ehedauer in vorgerücktem Alter erhöhten wirtschaftlichen Schwierigkeiten preiszugeben. Auf die Prüfung, ob auch das Interesse der Kinder die Aufrechterhaltung der Ehe erfordere — § 48 Abs. 3 EheGes. —, komme es daher nicht mehr an.

Wegen grundsätzlicher Bedeutung der Rechtssache hat das Oberlandesgericht die Revision zugelassen. Diese führte zur Aufhebung des Urteils.

Gründe:

I.

Fehl geht die Rüge der Revision, das Berufungsgericht habe das Klagevorbringen auch unter dem Gesichtspunkt des § 43 EheGes. prüfen müssen. Die Klage war und blieb während beider Instanzen nur auf § 48 EheGes. (zunächst: § 55 des alten Ehegesetzes) gestützt. Ein Schuldantrag ist gegen die Beklagte nicht gestellt und das Vorbringen gegen die Beklagte wurde noch in der Berufungsinstanz in ausdrücklichem Gegensatz zu dem früheren Armenrechtsverfahren nur unter § 48 Abs. 2 Satz 2 des EheGes. gebracht. Demgegenüber war das Berufungsgericht nicht befugt, über das vom Kläger gewählte Scheidungsbegehren aus § 48 EheGes. hinauszugreifen und sein Vorbringen unter dem Gesichtspunkt des § 43 EheGes. zu prüfen. (Palandt 5. Aufl., Einf. 2 vor § 47 des alten Ehegesetzes.)

Es war auch nicht Aufgabe des Gerichts, den Kläger zu fragen, ob er nicht doch etwa entgegen der ausdrücklichen Beschränkung das in Voraussetzungen und Erfolg ganz andere, die Beklagte durch den mit ihm verbundenen Schuldausspruch wesentlich stärker belastende Scheidungsbegehren aus § 43 EheGes., sei es in erster Reihe, sei es hilfsweise, geltend machen wolle. Auch die weitgehende Fragepflicht des § 139 ZPO. darf nicht dahin führen, daß das Gericht einer Partei Ratschläge zur Stellung von Anträgen gibt, die über ihr Begehren hinausgehen. Nur dazu ist es verpflichtet, im Rahmen des Klagebegehrens auf die Stellung sachdienlicher Anträge hinzuwirken. — RGZ. Bd. 106 S. 119.

II.

Die Feststellungen des Berufungsgerichts zu § 48 I und II 1 EheGes. treffen zu und sind auch von der Revision nicht angegriffen. Die häusliche Gemeinschaft der Parteien ist seit dem 12. 7. 1941, also seit über drei Jahren, aufgehoben. Infolge tiefgreifender, unheilbarer Zerrüttung des ehelichen Verhältnisses ist die Wiederherstellung einer dem Wesen der Ehe entsprechenden Lebensgemeinschaft nicht zu erwarten. Der Kläger hat die Zerrüttung zum mindesten überwiegend verschuldet. Auch bei Unterstellung der vom Kläger gegen die Beklagte erhobenen Vorwürfe als richtig überwiegt nach Schuld und Ursächlichkeit für den Eintritt oder die etwaige Vertiefung der Zerrüttung das Verhalten des Klägers. Bedenklich ist allerdings mit Rücksicht auf § 617 ZPO. in der Fassung des § 35 der ersten DfVO. zum alten Ehegesetz die nicht auf freie Beweiswürdigung, sondern auf das Zugeständnis gestützte Feststellung eines Ehebruchs des Klägers im Jahre 1938 und die Verwertung der im Armenrechtsverfahren durchgeführten Beweisaufnahme zur Frage der Trunksucht und Ausschreitungen des Klägers im Einverständnis der Parteien. (Vgl. die noch zur alten Fassung des § 617 ZPO. ergangene Entscheidung des RG. in JW. 1936 S. 2163.) Mangels einer Rüge der Revision war aber der hierin etwa liegende Mangel nicht zu beachten — § 559 ZPO. —, Jonas-Pohle 16. Aufl., Note IV 2, Baumbach 18. Aufl., Note 2. Das Scheidungsbegehren des Klägers ist somit gemäß § 48 Abs. 1 EheGes. an sich begründet, der von der Beklagten dagegen erhobene Widerspruch nach § 48 Abs. 2 Satz 1 EheGes. zum mindesten zulässig.

III.

Begründet ist die Rüge der Revision, das Berufungsgericht habe den § 286 ZPO. bei seiner Feststellung zur Anzeige des Klägers wegen Schwarzhandels verletzt. Der Kläger hatte behauptet, daß die Beklagte ihn wegen „angeblichen" Schwarzhandels angezeigt habe. Das, im Zusammenhang mit seinem Vortrag, daß er nur acht Tage in Haft gehalten, also nicht etwa bestraft worden sei, konnte nur dahin verstanden werden, daß die Beklagte ihn ohne Grund angezeigt habe. Das hiermit in offenbarem Widerspruch stehende Vorbringen der Beklagten, der Kläger habe Schwarzhandelsware in der Wohnung der Beklagten untergebracht, trotz Aufforderung nicht entfernt und die Beklagte hierdurch gefährdet, hat der Kläger bestritten. Bei dieser Sachlage durfte das Berufungsgericht nicht den Beweisantrag des Klägers auf Einholung einer Auskunft der Polizeibehörde (s. Baumbach, 18. Aufl., Übersicht vor § 373, Note 5) zum Nachweis seiner Sachdarstellung übergehen und ohne Beweiserhebung das Vorbringen der Beklagten als „glaubhaft dargestellt" seiner Entscheidung zugrunde legen.

Das Urteil beruht auch, wie die folgenden Ausführungen ergeben, mit auf diesem Verfahrensmangel — § 563 ZPO. —.

IV.

Nach § 48 Abs. 2 Satz 2 EheGes. ist ein nach § 48 Abs. 2 Satz 1 daselbst zulässig erhobener Widerspruch nicht zu beachten, wenn die Aufrechterhaltung der Ehe bei richtiger Würdigung des Wesens der Ehe und des gesamten Verhaltens beider Ehegatten sittlich nicht gerechtfertigt ist.

Zu der entscheidenden Frage, ob der Widerspruch der Beklagten auch unter Beachtung dieses Gesichtspunktes begründet ist oder nicht, erscheint weder der Ausgangspunkt des Berufungsurteils gerechtfertigt, ein nach § 48 Abs. 2 Satz 1 zulässiger Widerspruch sei grundsätzlich auch berechtigt, noch seine Würdigung des Sachverhalts dahin, Gründe, die einer Aufrechterhaltung der Ehe nach § 48 Abs. 2 Satz 2 entgegenstehen könnten, seien nicht ersichtlich.

1. Die Auslegung des § 48 EheGes. (§ 55 des alten Ehegesetzes) ist umstritten. Vom Kontrollrat, als dem Träger der obersten Regierungsgewalt in Deutschland, für innerdeutsche Verhältnisse erlassen ist das Ehegesetz als Bestandteil der deutschen Rechtsordnung nach deutschen

Auslegungsgrundsätzen anzuwenden. Maßgeblich ist der nach allgemein gültigen Auslegungsregeln zu ermittelnde Inhalt des Gesetzes, dagegen weder Ziele, die der nationalsozialistische Gesetzgeber etwa mit dem alten Ehegesetz im Rahmen seiner Gesamtauffassung über Ehe, Volk und Staat verfolgte (siehe Art. III MilRegGes. Nr. 1), noch die Rechtsprechung des Reichsgerichts als solche.

Fehl geht insbesondere die auf die Ausführungen Haffs (SJZ. 1946 Sp. 93) gestützte Auffassung der Revision, der Gesetzgeber des neuen Ehegesetzes habe durch wörtliche Übernahme des § 55 des alten Ehegesetzes in den § 48 diese Vorschrift in der Auslegung übernehmen wollen, wie sie ihr durch die Rechtsprechung des Reichsgerichts gegeben worden sei. Übernommen ist der Wortlaut des Gesetzes so, wie er nach allgemein gültigen, nicht an irgendwelche bestimmten Zeitanschauungen gebundenen oder durch eine bestimmte Rechtsprechung ausgeprägten Auslegungsgesichtspunkten aufzufassen ist. Inwieweit danach das Zerrüttungsprinzip und inwieweit das Schuldprinzip sich auswirkt, ist nicht nach bei den Gesetzesvorarbeiten zum Ausdruck gekommenen Auffassungen, sondern nach dem Gesetzesinhalt zu entscheiden.

2. Das Ehegesetz enthält bis auf den insofern zweifelhaften Fall des § 42 den Grundsatz, daß Ehen nur geschieden werden sollen, wenn sie zerrüttet sind, aber nirgends den Grundsatz, daß Zerrüttung zur Scheidung ausreicht. In jeder der Scheidungsvorschriften der §§ 43—46, 48 EheGes. wird ein Zusätzliches gefordert, um die Scheidung zu rechtfertigen: Eheverfehlung mit — § 43 — oder ohne — § 44 — Zurechnungsfähigkeit, Geisteskrankheit — § 45 —, besonders geartete Krankheit — § 46 —, dreijährige Trennung — § 48 —. Hinzu treten Ausnahmeregeln, die das Scheidungsbegehren u. U. auch für unzulässig erklären, wenn die Voraussetzungen an sich gegeben sind: §§ 43 Satz 2; 47; 48 Abs. 2 Satz 2 EheGes. Hieraus ergibt sich, daß nach dem Willen des Gesetzes der Zustand der Zerrüttung nicht selten von einem oder beiden Ehegatten getragen werden muß, so im Falle des § 43 stets vom Alleinschuldigen, aber unter der Voraussetzung des § 43 Satz 2 auch von dem mitschuldigen Gatten, in den Fällen der §§ 44 bis 46 von dem an sich Scheidungsberechtigten, wenn das Scheidungsbegehren sittlich nicht gerechtfertigt ist — § 47 —, endlich im Falle des § 48 von beiden Ehegatten, wenn sie nicht oder noch nicht drei Jahre getrennt leben, darüber hinaus nach Abs. 3, falls das Interesse der Kinder es erfordert, vor allem aber nach Abs. 2 vom scheidungswilligen Gatten bei begründetem Widerspruch des anderen.

Da das Gesetz also häufig, nicht etwa nur ausnahmsweise, dem einen oder beiden Ehegatten das Ertragen einer zerrütteten Ehe zumutet ist es klar, daß die Zerrüttung allein ein Ehe noch nicht im Sinne des Gesetzes als grundsätzlich sittlich nicht mehr tragbar erscheinen läßt.

Der Ausgangspunkt des Reichsgerichts — z. B. RGZ. Bd 160 S. 144 —, aus dem Gedanken des § 55 Abs. 1 des alten Ehegesetzes sei zu folgern, daß § 55 Abs. 2 Satz 2 keine Veränderung des Maßstabes bedeute, nach welchem der Wert einer Ehe gemessen werden solle, daß es daher grundsätzlich nicht sittlich gerechtfertigt sei, eine zur hohlen Form gewordene Ehe aufrecht zu erhalten, und daß folglich der Widerspruch des beklagten Gatten grundsätzlich unbeachtlich und nur ausnahmsweise aus besonderen Gründen von Erfolg sei, ist daher mit dem Gesetz nicht vereinbar.

Die Auffassung des Reichsgerichts läßt sich auch nicht etwa damit rechtfertigen, daß man der Zerrüttung im Falle des § 48 EheGes. wegen der dreijährigen Trennung ein stärkeres Gewicht beimißt als sonst. Die dreijährige Trennung ist ein Sondertatbestand, der mit der Zerrüttung nicht in ursächlichem Zusammenhang zu stehen braucht — von Godin, Komm. zum EheGes. 1946, § 48 Note 1 A und B —. Es wäre auch nicht zu verstehen, wieso eine zerrüttete Ehe vom Standpunkt sittlicher Wertung aus eher tragbar erscheinen sollte, wenn die Gatten dieser zerrütteten Ehe aus irgendwelchen, die Zerrüttung nicht ausräumenden Gründen noch äußerlich zusammen leben, als wenn sie seit drei Jahren äußerlich getrennt sind.

Es entspricht vor allem auch sittlichen Grundanschauungen, dem Schuldigen nicht ohne weiteres, grundsätzlich, das Recht zur Aufhebung der von ihm selbst zerrütteten Ehe gegen den Unschuldigen zu geben. Das betont, insoweit zutreffend, das Hanseatische Oberlandesgericht Hamburg in seiner Entscheidung SJZ. 1946, Sp. 93, und v. Godin, § 48 Note 1 A 6a, weisen mit Recht darauf hin, das Gericht dürfe nicht einfach Vollstrecker des Willens des schuldigen Gatten sein.

Ebensowenig wie die Annahme des Reichsgerichts, der Widerspruch sei grundsätzlich unbeachtlich, erscheint aber die von mehreren Oberlandesgerichten geteilte, auch dem Berufungsurteil zugrunde liegende, entgegengesetzte Ansicht des Hanseatischen Oberlandesgerichts Hamburg in der soeben angeführten Entscheidung berechtigt, der nach § 48 Abs. 2 Satz 1 zulässige Widerspruch sei grundsätzlich auch beachtlich und es bedürfe stets der Feststellung besonderer Tatsachen, um den Schluß zu rechtfertigen, die Aufrechterhaltung der Ehe erscheine sittlich nicht gerechtfertigt.

Der Wortlaut des § 48 EheGes. zwingt nicht zu diesem Schluß. Zwar ist der die Frage der Scheidung trotz Widerspruchs des beklagten Gatten behandelnde Satz in die äußere Form eines Ausnahmesatzes gekleidet — § 48 Abs. 2 Satz 2 —. Ausnahmesätze sind aber nicht notwendig dahin zu verstehen, daß auch ein Ausnahmetatbestand erfordert werde, um den Rechtserfolg des Ausnahmesatzes eintreten zu lassen. Vielmehr können sie auch aus rein sprachlichen Gründen in einem besonderen Satz zum Ausdruck gebrachte Beschränkungen des zu weit gehenden Wortlautes des vorangehenden Regelsatzes darstellen. Das kommt, worauf Bruns, SJZ, 1947 Sp. 651, mit Recht hinweist, besonders dort in Frage, wo der Ausnahmesatz auf einen Wertmaßstab: „sittliche Rechtfertigung" der Aufrechterhaltung oder Nichtaufrechterhaltung der Ehe, abstellt. So ist auch das Verhältnis der beiden Sätze des § 48 Abs. 2 EheGes. zueinander aufzufassen, zumal Satz 2 tatsächlich nicht auf Umstände verweist, die einem anderen als dem für die Frage der Zerrüttung maßgeblichen Bereich angehören, vielmehr mit seiner Bezugnahme auf das Wesen der Ehe und das gesamte Verhalten beider Ehegatten auf einem Tatbestand aufbaut, der gerade auch für die Zerrüttungsfrage entscheidend ist. Schon der Wortlaut des § 48 Abs. 2 Satz 2 spricht somit dafür, daß es nicht notwendig der Anführung von Tatsachen bedarf, die außerhalb des die Feststellung der Zerrüttung tragenden Sachverhaltes liegen, um den Widerspruch als nicht gerechtfertigt erscheinen zu lassen.

Maßgeblich ist vielmehr bereits nach dem Gesetzeswortlaut lediglich die durch keine Regeln und Ausnahmen in eine bestimmte Richtung gedrängte Beurteilung der sittlichen Berechtigung des Scheidungsbegehrens oder des Widerspruchs, anders gefaßt: der Frage der sittlichen Tragbarkeit oder Untragbarkeit der zerrütteten Ehe. Diesen Standpunkt vertritt mit Recht auch das Oberlandesgericht Freiburg in seiner Entscheidung DRZ. 1947 S. 339.

Aber auch im Ergebnis ist die Beschränkung abzulehnen, die das Oberlandesgericht Hamburg in den § 48 Abs. 2 Satz 2 EheGes. hineinträgt.

Zwar geht die Ansicht des OLG. Freiburg und Bruns a. a. O. fehl, vom Standpunkt des OLG. Hamburg aus verliere § 48 jede Bedeutung für Fälle nicht einverständlicher Scheidung. Es bleiben vielmehr die Fälle einseitiger unverschuldeter Zerrüttung sowie einseitiger Zerrüttung auf Grund nur leichten oder verziehenen oder durch Fristablauf für eine Scheidung aus § 43 ausscheidenden Verschuldens des beklagten Gatten. Und auch für die häufigen Fälle der einverständlichen Scheidung ist § 48 EheGes. von hohem Wert, indem er den Parteien eine Scheidung gemäß dem Gesetz ermöglicht und so Versuchen entgegenwirkt, die Scheidung durch Täuschung des Gerichts gegen das Gesetz zu erzielen.

Gleichwohl ist nicht zu verkennen, daß § 48 EheGes. bei Zugrundelegung der Auffassung des OLG. Hamburg häufig allein um des Verschuldens des klagenden Gatten willen zur Aufrechterhaltung von Ehen führen muß, deren Scheidung auch trotz dieses Verschuldens sittlich gerechtfertigt erscheint. Besonders bedenklich ist das angesichts der Tatsache, daß das Verschulden des Klägers nach § 48 Abs. 2 Satz 1 keine schwere Eheverfehlung im Sinne des § 43 zu sein braucht, v. Godin § 48 Note 5 c. Also auch ein leichtes Verschulden des klagenden Teils, sofern es nur überwiegend ursächlich für die Zerrüttung ist, würde genügen, um den Widerspruch des beklagten Teils zum Erfolg zu führen, sofern der Kläger über die, vielleicht besonders tiefe, Zerrüttung der Ehe hinaus nichts für die sittliche Berechtigung des Scheidungsbegehrens vorzubringen vermag.

Richtig ist daher auch im Ergebnis die aus dem Wortlaut hergeleitete

Auslegung des § 48 EheGes. Es ist vom Standpunkt der sittlichen Wertung aus weder der Satz aufzustellen, daß die Zerrüttung in der Regel trotz Verschuldens des klagenden Gatten zur Scheidung zwinge, noch umgekehrt der Satz, daß die Schuld des klagenden Gatten bei Widerspruch des beklagten Gatten in der Regel trotz der Zerrüttung der Ehe das Scheidungsbegehren unbegründet mache. Vielmehr ist ohne solche Einschränkungen allein vom Standpunkt sittlicher Wertung aus im Einzelfalle unter Abwägung aller für und wider streitenden Umstände zu entscheiden, ob schon der Zerrüttungstatbestand die Ehe trotz der Schuld des Klägers als sittlich nicht mehr tragbar erscheinen läßt oder ob es darüber hinaus noch besonderer Umstände bedarf, um dem schuldigen Gatten das Recht auf Scheidung zuzuerkennen.

Soweit es im Einzelfall der Anführung solcher über den Zerrüttungstatbestand hinausgehender Umstände bedarf, erhalten Aufbau und Fassung des § 48 Abs. 2 noch eine besondere Bedeutung: sie stellen die für die sittliche Rechtfertigung des Scheidungsbegehrens des klagenden Ehegatten sprechenden Umstände zur Behauptungs- und Beweislast des Klägers. Erscheint die sittliche Rechtfertigung des Scheidungsbegehrens zweifelhaft, so soll die auf unsicherem Boden ergehende Entscheidung eher auf Abweisung (Aufrechterhaltung der Ehe) als auf Scheidung lauten.

Derselbe Tatbestand, der die Zerrüttung ergibt, kann somit im Einzelfalle genügen, um die sittliche Untragbarkeit der Ehe auch trotz der Schuld des klagenden Gatten darzutun, reicht aber — gegen die Rechtsprechung des Reichsgerichts — keineswegs grundsätzlich dazu aus. Der Schuldtatbestand des § 48 Abs. 2 EheGes. kann im Einzelfall dazu genügen, die sittliche Tragbarkeit der Ehe trotz ihrer Zerrüttung darzutun, reicht aber — gegen die Annahme des OLG. Hamburg — nicht etwa grundsätzlich dazu aus.

Es ist nicht zu verkennen, daß diese Auffassung des § 48 Abs. 2 EheGes. leichter zu uneinheitlicher Anwendung führen kann als eine an die Grundsatzrechtsprechung, sei es des Reichsgerichts, sei es des OLG. Hamburg, angelehnte Deutung des Gesetzes. Dieser Nachteil muß aber in Kauf genommen werden. Er wiegt geringer als die Verfälschung des entscheidenden Gesichtspunktes der sittlichen Tragbarkeit oder Untragbarkeit einer Ehe durch Aufstellung von Regeln, die von außen an dieses Merkmal herangetragen werden. Es wird Aufgabe der Rechtsprechung sein, unter Meidung der Zwischenschaltung verfälschender Regeln wertungsmäßig eine übereinstimmende Entscheidung gleichliegender Fälle zu erzielen.

Hier sei zu der in jedem Einzelfall erforderlichen Abwägung aller Umstände zur Frage der sittlichen Tragbarkeit oder Untragbarkeit der Ehe nur beispielhaft auf einige wesentliche Gesichtspunkte hingewiesen.

Aus dem Rahmen des § 48 Abs. 2 EheGes. mit Recht herausgenommen und vom Widerspruch des beklagten Gatten ganz unabhängig gemacht ist die Frage des, seinerseits wieder unter Abwägung aller für und gegen sprechenden Umstände zu ermittelnden Wohles der Kinder, § 48 Abs. 3. Von diesem einen Falle abgesehen, gibt es keinen absoluten Grund für oder gegen die Nichtaufrechterhaltung der Ehe. Auch die Härtegründe des § 47 Satz 2 und 3 wirken nicht absolut, sind aber im Rahmen des § 48 Abs. 2 Satz 2 wie in dem des § 47 EheGes. von großem Gewicht.

Wesentlich sind Maß und Art sowohl der Zerrüttung — unter dem Blickpunkt des Wesens der Ehe — als auch ihrer Verursachung und der Schuld des klagenden Gatten sowie etwaiger Mitschuld des beklagten Gatten — unter dem Blickpunkt des Verhaltens beider Ehegatten —

Eine beiderseits zerrüttete Ehe wird eher sittlich nicht mehr tragbar sein als eine, bei der der beklagte Teil noch innerlich an der Ehe festhält. Man darf aber entgegen der Ansicht der Revision nicht schon darin einen Grund zur Nichtbeachtung des Widerspruchs sehen, daß der beklagte Teil an der Ehe nicht mehr festhält. Die Ehe ist zerrüttet — § 48 Abs. 1 EheGes. —. Es kann daher nicht einfach darauf ankommen, festzustellen, ob der Sachverhalt, der dem Richter zur Entscheidung vorliegt, noch dem Wesen der Ehe entspricht, auch nicht darauf, ob wenigstens der beklagte Gatte noch zur Ehe steht. Entscheidend ist vielmehr ausschließlich, ob bei Beachtung sowohl des Wesens der Ehe als auch des gesamten Verhaltens beider Ehegatten die Scheidung oder die Aufrechterhaltung der Ehe sittlich gerechtfertigt erscheint, und das kann auch bei beiderseits zerrütteten Ehen nicht ein für allemal beantwortet werden.

Dem Einwand mangelnder Rechtfertigung des Scheidungsbegehrens des klagenden Gatten wegen schuldhafter Verursachung der Zerrüttung kann, u. U. entscheidend, der Gegeneinwand entgegengesetzt werden, daß der beklagte Teil nicht unter sittlich zu rechtfertigenden Gesichtspunkten, sondern ausschließlich oder doch wesentlich aus Rache oder Haß widerspreche. Dabei ist allerdings darauf zu achten, daß verletzte Liebe, die in ihren Äußerungen oft schwer von Haß zu unterscheiden ist, nicht mit Haß verwechselt wird.

Stellt sich die Ehe als Fehlehe in dem Sinne dar, daß die Gatten von vorneherein nicht zusammen passen, so wird auch der Umstand wesentlich sein können, daß der Schuldige nun zu einem passenden Lebensgefährten gefunden hat. In solchem Falle kann es auch mit auf die Waagschale zu legen sein, ob aus der Ehe keine, aus dem Verhältnis des klagenden Gatten dagegen wohl Kinder vorhanden oder zu erwarten sind. Abzulehnen ist dagegen die Betonung bevölkerungspolitischer Gesichtspunkte in der Rechtsprechung des Reichsgerichts; sie sind zur Frage sittlicher Wertung ohne Gewicht.

Ist die Ehe auch nicht im entscheidenden Maße eine Versorgungseinrichtung, so kann doch auch der bloße Versorgungsgedanke wie im Rahmen des § 47 so in Sonderfällen auch in dem des § 48 EheGes. maßgeblich für die Aufrechterhaltung der Ehe sprechen. Das gilt namentlich nach langer, vom Manne schuldhaft zerrütteter Ehe zugunsten der gealterten Frau, die nach anfänglichem Bemühen um die Aufrechterhaltung einer wahren Lebensgemeinschaft nun selbst innerlich nicht mehr zur Ehe steht, aber verlangt, wirtschaftlich so gestellt zu bleiben, wie sie ohne die von ihr nicht verschuldete Zerrüttung der Ehe stehen würde. Inwieweit demgegenüber Bereitschaft des Mannes zur Sicherstellung der Frau im Falle der Scheidung beachtlich ist, kann nur im Einzelfall entschieden werden.

Es kommen somit Gesichtspunkte der verschiedensten Art, die überhaupt zum Wesen der Ehe und zum Verhalten von Ehegatten in Beziehung stehen können, in Betracht. Zerrüttung einerseits und Schuld andererseits wiegen immer mit, wie schwer im einzelnen Falle und was sonst noch zu beachten ist, ist nicht allgemein zu sagen; es können auch sittlich an und für sich ganz farblose Umstände wie Alter, Gesundheit, Vermögen und Einkommen mit von Bedeutung sein.

Von einem Vorrang der Interessen der Allgemeinheit, wie das Reichsgericht ihn annahm, RGZ. Bd. 159, S. 305, Bd. 160, S. 15 u. a., kann nicht gesprochen werden. Die Frage, ob Einzel- oder Allgemeininteresse von größerem Gewicht seien, ist als solche überhaupt nicht zu stellen, es handelt sich vielmehr einheitlich um die Frage sittlicher Wertung, und hier lassen sich Einzel- und Gesamtinteressen nicht scheiden, wohlverstanden stimmen sie überein.

3. Das Berufungsgericht hat von seinem Standpunkt aus, daß der zulässige Widerspruch grundsätzlich beachtlich sei, vieles von dem, was der Kläger gegen die Beklagte vorgebracht hat, dahingestellt oder unbeachtet gelassen, ferner in einem Punkte unter Verstoß gegen § 286 ZPO. eine dem Kläger nachteilige Feststellung getroffen.

Unterstellt man hier überall die Richtigkeit des Vorbringens des Klägers, RG. LZ. 1932 S. 1250, so läßt sich die Entscheidung des Berufungsgerichts nicht aufrechterhalten. Nach der Behauptung des Klägers war die Ehe schon von langer Hand her durch zänkisches Wesen und auch durch wiederholte Verkehrsweigerung der Beklagten belastet. Der Kläger hat gerade diese Vorwürfe zur Grundlage seines ersten Scheidungsbegehrens wegen schwerer Eheverfehlung machen wollen. In diesem behaupteten Verhalten der Beklagten kann eine zwar nicht gleichwiegende, aber doch erhebliche und dazu schuldhafte Mitverursachung der Zerrüttung begründet liegen, sofern es sich nicht, was vom Berufungsgericht zu prüfen sein wird — § 622 ZPO. —, nur um eine Auswirkung des Verhaltens des Klägers handelte. Gleiches gilt zur Frage der Beleidigung der Mutter des Klägers. Die Beklagte hat dann nach anfänglichen Bemühungen um Rückführung des Klägers in die Ehe, bei welchen sie allerdings in der Form die gebührenden Grenzen bei weitem überschritt, nach Behauptung des Klägers diesen mit Haß verfolgt, ihm mehrere beschimpfende anonyme Briefe geschrieben und im Jahre 1943 eine unbegründete Strafanzeige gegen ihn erstattet, die, wie die Beklagte sich sagen mußte, gerade in der damaligen Zeit schwere Folgen für den Kläger nach sich ziehen konnte und tatsächlich auch zu seiner Verhaftung führte. Es bedarf hier keiner Entscheidung der Frage, ob und inwieweit eine begründete Strafanzeige unter Ehegatten als ehewidrig anzusehen ist; daß eine grundlose Anzeige erheblich gegen den Widerspruch der Beklagten ins Gewicht fallen würde, kann nicht zweifelhaft sein.

Insgesamt ist dieses Vorbringen des Klägers unter dem Blickpunkt des sittlich mitzuwertenden beiderseitigen Verhaltens der Parteien geeignet, die Beklagte erheblich zu belasten und rückwirkend den Kläger jedenfalls in etwa zu entlasten.

Die Ehe ist beiderseits zerrüttet. Die Beklagte sucht, soweit sie nicht etwa von Haß geleitet wird, im wesentlichen Versorgung. Nach der Behauptung des Klägers erfüllt dieser seine Unterhaltspflicht und ist bereit, die Beklagte nach der Scheidung weiterhin im selben Ausmaß zu unterstützen wie bisher. Das kann nicht von vorneherein als wertlose Zusicherung abgetan werden (RGZ. Bd. 169, S. 36). Tatsächlich lebt der Kläger schon mit der K. und deren Sohn zusammen. In dieser Hinsicht tritt also mit der Scheidung nicht etwa ohne weiteres eine die Beklagte gefährdende Änderung ein.

Die Scheidung würde danach auf ein Verhältnis der Parteien einwirken, das, ohne inneren Wert, der Beklagten nur noch eine gewisse Versorgung einbringt, insofern aber auch nach der Scheidung noch fortwirken könnte. Je geringer somit die Wirkungen der Scheidung sind, umsomehr wirkt sich das Gewicht des vom Kläger behaupteten ehewidrigen Verhaltens und ehewidrigen Beweggrundes der widersprechenden Beklagten aus.

Der Widerspruch der Beklagten könnte danach auch bei Beachtung der langen Ehedauer, des fortgeschrittenen Alters der Beklagten und trotz des schwer schuldhaften, ehezerrüttenden Verhaltens des Klägers sittlich als nicht mehr gerechtfertigt erachtet werden.

Die Sache ist noch nicht zur Endentscheidung reif. Sie muß in der Tatsacheninstanz erneut verhandelt werden, eine Anhörung, gegebenenfalls auch Vernehmung der Parteien wird dabei nicht zu umgehen sein. Das Berufungsgericht wird nicht nur die Behauptungen des Klägers, sondern auch das Vorbringen der Beklagten und von Amts wegen etwaige eheerhaltende Umstände zu berücksichtigen haben. Auch wird, falls der Widerspruch sich nach erneuter Prüfung als nicht begründet erweist, die vom Berufungsgericht von seinem Standpunkt aus mit Recht zurückgestellte Frage des Interesses des minderjährigen zweiten Sohnes der Parteien gemäß § 48 Abs. 3 EheGes. zu beachten sein.

6. 1. Eine Ehe ist im Sinne des § 48 Abs. 1 EheGes. schon dann zerrüttet, wenn auch nur auf der Seite eines Ehegatten die Bereitschaft zu dem die Grundlage der Ehe bildenden Gemeinschaftsverhältnis nicht mehr besteht.

2. Die Vorschrift des § 616 ZPO. schließt die Möglichkeit nicht aus, die von ihr betroffenen Umstände bei der Abwägung des Verhaltens der Ehegatten nach § 48 Abs. 2 Satz 2 EheGes. zu würdigen. Lag aber in dem verziehenen und an sich nicht besonders schwerwiegenden Vorgang der einzige Grund, aus dem sein gesamtes Verhalten zu beanstanden war, so hat die Verzeihung die Bedeutung, daß daraus keine Gründe gegen die Aufrechterhaltung der Ehe mehr herzuleiten sind.

EheGes. § 48 Abs. 1 und Abs. 2, ZPO. § 616.

Zivilsenat. Urt. v. 31. Mai 1948 i. S. Ehefrau L. (Bekl.) w. Ehemann L. (Kl.). ZS 10/48.

I. Landgericht Dortmund.
II. Oberlandesgericht Hamm.

Tatbestand

Die Parteien, beide deutsche Reichsangehörige, haben am 18. Juli 1933 die Ehe geschlossen, aus der keine Kinder hervorgegangen sind. Die Parteien leben seit Mai 1944 getrennt, der letzte eheliche Verkehr hat nach der Darstellung des Klägers im Winter 1942/43 stattgefunden, nach der Darstellung der Beklagten im März 1944.

Im Jahre 1945 erhob der Kläger gegen die Beklagte vor dem Landgericht in D. Scheidungsklage, die er auf ehewidrige Beziehungen zu einem gewissen G. und zu dem Kaufmann H., einem Jugendbekannten der Beklagten, stützte. In diesem Vorprozeß wurde die Klage rechtskräftig abgewiesen, weil der Kläger im Falle G. beweisfällig geblieben sei und die etwa vorhanden gewesenen ehewidrigen Beziehungen zu H. verziehen seien. Bezüglich dieser Beziehungen hat die damals durchgeführte und im jetzigen Rechtsstreit verwertete Beweisaufnahme ergeben, daß H. ein Jugendbekannter der Beklagten war, den sie während des Krieges zunächst zufällig wiedertraf, und der sie dann einmal Anfang November 1943 auf der Durchreise in D. nach brieflicher Verabredung besuchte. Bei dem Abschied auf dem Bahnhof hat H. die Beklagte in den Arm genommen und ihr einen Kuß gegeben. Einige Tage später hat die Beklagte an H. einen Brief geschrieben, der heiße Liebesbeteuerungen und zugleich eine Klage über die häufigen Bombenangriffe und über die mangelnde Ernährung enthielt und einen von ihr früher abgesandten Brief erwähnte. Diesen Brief sandte die Beklagte nicht ab, sondern legte ihn zusammen mit dem Brief des H., in dem er seinen Besuch ankündigte, in ihre Schreibmappe, die sie unter dem Küchenschrank aufbewahrte.

Dort fand der Kläger kurz darauf die beiden Briefe, und es kam zu einer Aussprache zwischen den Parteien über diesen Fall H. und die Beziehungen, die der Kläger — wie er auch jetzt nicht bestreitet — seit einer Reihe von Jahren nacheinander zu verschiedenen anderen Frauen unterhalten hat.

H. hat im Vorprozeß eine Schilderung des Zusammenseins gegeben und hinzugefügt, die Korrespondenz mit der Beklagten habe aufgehört „wohl wegen der Schwierigkeiten in der Postverbindung nach Beginn der Invasion". Die im Vorprozeß als Zeugin vernommene Frau M. hat bekundet, H. habe einmal brieflich bei ihr angefragt, aus welchem Grunde die Beklagte seine Briefe nicht beantworte. Sie habe auf Grund der Mitteilungen der Beklagten geantwortet, der Grund liege in der inzwischen erfolgten Aussöhnung der Parteien.

Auf Grund dieser tatsächlichen Feststellungen wurde damals eine wirksame Verzeihung angenommen.

Im Mai 1944 haben sich die Parteien unstreitig getrennt, im Oktober 1946 hat der Kläger sich in notarieller Urkunde zur Zahlung eines monatlichen Unterhalts von 100 RM verpflichtet und diesen seitdem auch gezahlt. Mit der vorliegenden, im Juni 1947 erhobenen Klage begehrt der Kläger Scheidung der Ehe nach § 48 EheGes., die Beklagte hat bestritten, daß die Ehe zerrüttet wäre, sie selbst halte an der Ehe fest. Eine etwa doch vorhandene Zerrüttung führt sie auf das alleinige Verschulden des Klägers, nämlich auf dessen ehewidrige und ehebrecherische Beziehungen zu drei anderen Frauen zurück. Sie hat mit dieser Begründung der Scheidung widersprochen und Abweisung der Klage beantragt. Der Kläger hat auf die Frage nach ehebrecherischen Beziehungen zu drei anderen Frauen die Aussage verweigert. Darauf hat das Landgericht den Widerspruch der Frau für zulässig und beachtlich erklärt und die Klage abgewiesen. Die Berufung gegen dies Urteil hat der Kläger unter anderem darauf gestützt, die Beklagte habe den Briefwechsel mit H. noch nach der Verzeihung fortgesetzt, nämlich nach dessen eigener Aussage bis nach der Invasion. Das Oberlandesgericht hat der Berufung stattgegeben, die Ehe geschieden, ein Verschulden des Klägers festgestellt und die Revision zugelassen. Es bejaht mit dem Landgericht die Zulässigkeit des Widerspruchs, hält ihn aber für unbeachtlich. Zur Begründung verweist es neben der Kinderlosigkeit der Ehe und der Dauer der ehebrecherischen Beziehungen des Klägers seit 1939 oder 1940 zu anderen Frauen auf die Möglichkeit einer Berufsausübung durch die Beklagte und die Unterhaltspflicht und Zahlungsbereitschaft des Klägers. Wenn die Beklagte jetzt in vorgerücktem Alter stehe, so liege das nur daran, daß sie bei der Eheschließung schon 34 Jahre alt war; sie wolle an der Ehe nur aus materiellen Gründen festhalten; ihre Beziehungen zu H. seien nach den Briefen nicht ganz harmlos gewesen, sie seien zwar verziehen, ihre eheliche Gesinnung habe aber einen erheblichen Stoß erlitten.

Entscheidungsgründe:

Die Revision führt zur Wiederherstellung des die Klage abweisenden landgerichtlichen Urteils.

1. Nach § 48 EheGes. kann jeder Ehegatte die Scheidung begehren, wenn die häusliche Gemeinschaft der Ehegatten seit drei Jahren aufgehoben ist und infolge einer tiefgreifenden unheilbaren Zerrüttung des ehelichen Verhältnisses die Wiederherstellung einer dem Wesen der Ehe entsprechenden Lebensgemeinschaft nicht zu erwarten ist. Das angefochtene Urteil hat das Vorliegen dieser Voraussetzungen ohne Rechtsirrtum bejaht. Der Angriff der Revision, der mit der Bereitschaft der Beklagten zur Fortsetzung der Ehe begründet wird und vom Kläger den Nachweis fordert, warum von seiner Seite eine Wiederherstellung der Ehe nicht erwartet werden kann, gründet sich auf die im Schrifttum vielfach vertretene Meinung, daß eine sogenannte „einseitige Zerrüttung" für die Scheidung nach § 48 EheGes. nicht ausreiche. Dieser Meinung kann sich der Senat nicht anschließen. Die Ehe als die engste und innerlichste aller menschlichen Gemeinschaften setzt ein gegenseitiges Verhalten der Ehegatten voraus, das aufeinander abgestimmt ist und voll miteinander harmoniert. Diese Voraussetzung der Ehe fällt fort, wenn auch nur auf der einen Seite die Bereitschaft zu diesem Gemeinschaftsverhältnis nicht mehr vorhanden ist. Das Reichsgericht hat (RGZ. Bd. 159, S. 305) den Satz aufgestellt: „Eine eheliche Gemeinschaft findet ihre Grundlage in einem gegenseitigen Verhältnis, das auf Liebe, Achtung und Treue beruht. Fehlt es daran auch nur auf der einen Seite, so ist dieses Verhältnis zerrüttet." Dieser in der weiteren Rechtsprechung stets festgehaltene Satz (vgl. Schlegelberger-Vogels Anm. 18 zu § 55 EheGes. 1938) ist weder durch eine nationalsozialistische Weltanschauung beeinflußt noch durch sonstige Momente, die neben dem Wesen der Ehe liegen, sondern er geht auf das eigentliche Wesen der Ehe zurück und ist deshalb auch heute festzuhalten. Dabei ist nicht zu verkennen, daß der viel gebrauchte Ausdruck „einseitige Zerrüttung" die richtige Betrachtungsweise ebenso verschiebt wie die häufig wiederkehrende Feststellung, daß „Zerrüttung auf Seiten des Klägers bestehe". Die Zerrüttung ist ein objektiver Zustand, sie ist die Folge davon, daß das eheliche Band gerissen ist, und hierfür ist es belanglos, an welcher Stelle der Riß liegt.

Einer besonderen Prüfung bedarf dagegen die Frage, ob die Zerrüttung unheilbar ist und ob eine Wiederherstellung der Lebensgemeinschaft nicht zu erwarten ist. Diese beiden Voraussetzungen stimmen im praktischen Ergebnis miteinander überein. Der Senat schließt sich der Meinung Schlegelbergers (Anm. 18 zu § 55 EheGes.) an, daß das Festhalten des anderen Ehepartners an der Ehe gelegentlich Rückschlüsse auf die innere Einstellung des aus der Ehe fortstrebenden Ehegatten zuläßt. Die Meinung, daß es auf die Bereitschaft des anderen Partners zur Fortsetzung der Ehe nicht ankomme (RGZ. Bd. 160 S. 374), geht danach zu weit, dagegen kann im Grundsatz der Meinung gefolgt werden, daß immer die Möglichkeit geprüft werden muß, ob der klagende Ehegatte im Falle einer Versagung der Scheidung den Weg zur Ehe zurückfinden wird (RGZ. Bd. 161 S. 398). Dabei kann es nicht darauf ankommen, was er bei verständiger Würdigung der Lage tun sollte (RGZ. Bd. 165 S. 149).

Im vorliegenden Fall hat das Landgericht festgestellt, daß der Kläger durch seine ehewidrigen Beziehungen das eheliche Verhältnis zerrüttet hat. Es nimmt an, daß diese Zerrüttung wegen der gegenseitigen Vorwürfe und wegen der Verbitterung bei der Führung des Vorprozesses und dieses Prozesses unheilbar ist. Das Berufungsgericht hat sich dieser Meinung ohne besondere Prüfung angeschlossen, und es ist unter Berücksichtigung der vorstehenden Ausführungen nicht ersichtlich, daß das OLG. den Begriff der Zerrüttung und der Unheilbarkeit verkannt hätte. Der Revision kann darin nicht gefolgt werden, daß Kläger dartun müßte, warum die Wiederherstellung von seiner Seite trotz der gegebenen Rechtspflicht nicht erwartet werden kann. Das würde eine Überspannung der Anforderungen sein und die Instanzgerichte vor die unmögliche Aufgabe stellen, sich ein Bild nicht nur über die gegenwärtige Gesinnung der Beteiligten zu machen, sondern auch über zukünftig mögliche Sinnesänderung.

Im Endergebnis unterliegt die Feststellung, daß die Ehe tiefgreifend und unheilbar zerrüttet ist und daß infolgedessen die Wiederherstellung einer dem Wesen der Ehe entsprechende Lebensgemeinschaft nicht zu erwarten ist, keinen begründeten rechtlichen Bedenken.

2. Nach § 48 Abs. 2 Satz 1 EheG. kann der andere Ehegatte der Scheidung widersprechen, wenn der auf Scheidung klagende Ehegatte die Zerrüttung ganz oder überwiegend verschuldet hat. (Wird ausgeführt.) Deshalb bestehen keine Bedenken dagegen, daß der von der Beklagten erhobene Widerspruch z u l ä s s i g ist. (Wird ausgeführt.)

3. Der nach § 48 Abs. 2 Satz 1 zulässige Widerspruch ist nach S. 2 nicht zu beachten, wenn die Aufrechterhaltung der Ehe bei richtiger Würdigung des Wesens der Ehe und des gesamten Verhaltens beider Ehegatten sittlich nicht gerechtfertigt ist. Der Senat hat in seiner zum Abdruck bestimmten grundsätzlichen Entscheidung vom 31. Mai 1948 (ZS 12/48) zu den verschiedenen Meinungen (über die Auslegung dieser Vorschrift) Stellung genommen und ist zu einem etwa auf der Mitte liegenden Ergebnis gelangt. Danach kann ein Grundsatz weder in dem einen noch in dem anderen Sinne aufgestellt werden, es sind vielmehr alle Umstände des Einzelfalles zu würdigen und gegeneinander abzuwägen, wobei als Maßstab der Würdigung und Abwägung die sittlichen Gesichtspunkte zu gelten haben.

---

*) Abgedruckt S. 16.

Diesen Ausgangspunkt hat das Berufungsgericht an sich nicht verkannt, aber es hat die von ihm hervorgehobenen Umstände nicht zutreffend gewürdigt. Ob unter Berücksichtigung der Kriegsverhältnisse die Fortdauer ehebrecherischer Beziehungen des Mannes zu anderen Frauen seit 1939 oder 1940 als besonders lang zu bezeichnen ist, mag schon deshalb zweifelhaft erscheinen können, weil die häusliche Gemeinschaft noch bis 1944 bestanden hat und die Dreijahresfrist bei Erhebung der Klage erst eben abgelaufen war. Eine solche Dauer mag für die Frage der Zerrüttung entscheidend sein, aber für die Beachtlichkeit des Widerspruchs muß dieser Gesichtspunkt ausscheiden. Die Kinderlosigkeit der Ehe und die eigene Verdienstmöglichkeit der Beklagten können keine andere Bedeutung haben, als daß aus den damit zusammenhängenden Umständen keine besonderen Gründe für die Aufrechterhaltung herzuleiten wären, wenn andere entscheidende Gesichtspunkte dagegen sprächen. Das immerhin fortgeschrittene Lebensalter der Beklagten kann keinesfalls, wie das Berufungsgericht will, mit der Begründung unbeachtet gelassen werden, daß die Beklagte schon bei Eingehung der Ehe ein Alter von 34 Jahren gehabt hat. Das bedeutete eine unbegründete Schlechterstellung solcher Frauen, die aus irgendeinem Grunde, z. B. wegen einer Berufstätigkeit, erst später als der Durchschnitt eine Ehe eingehen. Ein solches Ergebnis wäre unter Berücksichtigung des Wesens der Ehe sittlich nicht zu rechtfertigen.

4. Es bleibt hiernach zu prüfen, ob das Verhalten der Beklagten so stark zu ihrem Nachteil zu werten ist, daß es die Scheidung sittlich rechtfertigt. Die Feststellung des Berufungsgerichts, ihr Verhalten sei „nicht ganz einwandfrei" gewesen, ist an sich zutreffend, denn ihr Verhalten im Falle H. kann nicht gebilligt werden. (Die Unerheblichkeit der anderen Gründe wird ausgeführt.)

Es bleibt hiernach nur noch der Fall H. zu würdigen. Zu der damaligen Zeit stand die Beklagte einmal unter dem Eindruck der fortgesetzten Treulosigkeit des Klägers und zum anderen in der ständigen Furcht vor den immer schwerer werdenden Luftangriffen. Sie fand bei dem Kläger weder einen inneren Halt noch die Möglichkeit zu einer Aussprache, und so ist es zunächst verständlich, daß sie die Gelegenheit zum Zusammensein mit ihrem Jugendfreund begrüßte und suchte. Auch die Abschiedsszene auf dem Bahnhof ist in diesem Sinne zu würdigen. Was den bei den Akten des Vorprozesses befindlichen Brief anlangt, so geht sein Wortlaut zwar erheblich über das Maß dessen hinaus, was einer Ehefrau gestattet sein kann, aber er ist offensichtlich aus einer starken Verzweiflung heraus geschrieben und läßt deutlich erkennen, daß die Beklagte zur Beruhigung ihrer Nerven einmal ihren Gedanken und ihrer Feder freien Lauf ließ. Es steht nicht fest und wird sich nicht klären lassen, ob und wann die Beklagte den Brief abgeschickt hätte, wenn der Kläger ihn nicht in der Schreibmappe gefunden hätte. Es steht nur fest, daß der Brief jedenfalls zunächst einmal nicht verschlossen und nicht abgeschickt worden ist. Da der Umschlag fertiggeschrieben war und einer Frankierung nicht bedurfte, so kann daraus nur der Schluß gezogen werden, daß die Beklagte sich den endgültigen Entschluß über die Absendung noch vorbehalten wollte. In diesem Zusammenhang gewinnt nun die Tatsache der Verzeihung eine entscheidende Bedeutung. Die Revision meint zwar mit Unrecht, daß infolge der im Vorprozeß festgestellten Verzeihung der ganze Fall H. jetzt schon nach § 616 ZPO. nicht mehr berücksichtigt werden dürfe. Diese Vorschrift schließt nur die Möglichkeit aus, auf die fraglichen Vorgänge jetzt eine neue selbständige Scheidungsklage wegen Verschuldens der Beklagten zu stützen. Es bleibt aber möglich, solche Umstände sowohl bei der Abwägung des beiderseitigen Verschuldens im Sinne des § 52 EheGes. wie auch bei der Würdigung des Verhaltens im Sinne des § 48 Abs. 2 S. 2 zu berücksichtigen. Das ist ständige Praxis der bisherigen Rechtsprechung (z. B. Oberlandesgericht Düsseldorf DR. 1939, 1575[6] und Obergericht Danzig DR. 1939, 783[17]), an der auch heute noch dem Grundsatz nach festzuhalten ist. Aber wenn die verziehene Verfehlung des beklagten Ehegatten schon an und für sich nicht besonders schwer wog und wenn darin der einzige Grund lag, aus dem sein Verhalten im Sinne des § 48 Abs. 2 Satz 2 zu beanstanden war, so hat doch eine solche Verzeihung die Bedeutung, daß aus diesem Verhalten keine Gründe gegen die Aufrechterhaltung der Ehe mehr herzuleiten sind.

So liegen die Dinge im vorliegenden Fall vorbehaltlich der Behauptung des Klägers, die Beklagte habe nach der Verzeihung ihre Beziehungen zu H. weiter fortgesetzt. Wäre das richtig, so wäre das ein Verhalten, das nicht nur dem Kläger einen neuen Scheidungsgrund wegen Verschuldens der Beklagten geben könnte, sondern das auch bei der sittlichen Würdigung aller für und gegen die Aufrechterhaltung der Ehe sprechenden Umstände erhebliche Bedeutung hätte. (Wird ausgeführt.)

7. 1. § 117 HGB. ist entsprechend anwendbar auf die Beschränkung vertraglicher und gesetzlicher Mitwirkungs- und Kontrollrechte des Kommanditisten.

2. Wird der Kommanditanteil einer Ehefrau von deren Ehemann auf Grund seines Verwaltungs- und Nutznießungsrechts verwaltet, so kann auch eine gegen die Kommanditistin auszusprechende Beschränkung des Inhalts in Frage kommen, daß der Ehemann die Rechte der Kommanditistin nicht persönlich ausüben darf.

3. § 1400 Abs. 1 BGB. ist auch auf die Gestaltungsklage aus § 117 HGB. anwendbar und rechtfertigt die Mitverklagung des der Prozeßführung der Ehefrau nicht zustimmenden Ehemannes.

BGB. § 1400 Abs. 1, HGB. § 117.

Zivilsenat. Urt. v. 16. Juni 1948 i. S. C. (Kl.) w. Eheleute L. (Bekl.). ZS. 11/48.

I. Landgericht Wuppertal.
II. Oberlandesgericht Düsseldorf.

Tatbestand

Der Kläger ist einziger persönlich haftender Gesellschafter, die beklagte Ehefrau einzige Kommanditistin der Kommanditgesellschaft G. C., einer Feilenfabrik in R. Die Kapitalbeteiligung beider Gesellschafter und ihre Gewinnbeteiligung ist gleich, der Kläger erhält für die Geschäftsführung vorweg eine besondere Vergütung. Die Väter des Klägers und der beklagten Ehefrau waren Brüder. Die beklagten Eheleute leben im gesetzlichen Güterstand, der beklagte Ehemann nimmt die Rechte seiner Frau kraft seines Verwaltungs- und Nutznießungsrechts an deren eingebrachten Gut und außerdem auf Grund einer ihm von der Ehefrau erteilten Vollmacht wahr. Das Gesellschaftsverhältnis wurde durch Vertrag vom 28. Juli 1939, auf seiten der beklagten Ehefrau unter Zustimmung ihres Ehemannes, neu gestaltet. Der Vertrag sollte u. a. auch gewissen Unzuträglichkeiten im Verhältnis zwischen den Parteien ein Ende setzen. Er sieht daher besonders vor, daß „der geschäftliche Verkehr der Gesellschafter oder deren Bevollmächtigten untereinander auf einer unter Geschwistern normal üblichen Grundlage erfolgen" soll. Im übrigen verbreitet er sich vor allem über die Rechte der Kommanditistin. Die Zustimmung der Kommanditistin sollte erforderlich sein zu zahlreichen geschäftlichen Maßnahmen, Rechtsgeschäften und Rechtsstreitigkeiten, jeden Monat sollte der Kläger eingehend über den Geschäftsgang, die finanzielle Lage und alle wichtigeren Vorkommnisse berichten unbeschadet des Rechts der Kommanditistin, jederzeit während der Geschäftsstunden entweder selbst oder durch einen oder mehrere Bevollmächtigte den Geschäfts- und Fabrikbetrieb zu besichtigen, die Bücher und Papiere einzusehen, sich daraus Abschriften oder Auszüge anzufertigen, ferner die Richtigkeit der Jahresbilanz an Hand der Geschäftsbücher und sonstigen geschäftlichen Unterlagen zu prüfen oder durch einen einwandfreien Buchsachverständigen prüfen zu lassen. Jederzeit sollte die Kommanditistin befugt sein, zu verlangen, daß eine von ihr vorgeschlagene Person zum Prokuristen bestellt wird. Weiter sollte sie berechtigt sein, ihre Beteiligung ganz oder teilweise auf ihren Mann oder ihre beiden Söhne zu übertragen oder zu verlangen, daß eins oder mehrere dieser Familienmitglieder als Kommanditisten neben sie oder an ihrer Stelle in die Gesellschaft eintreten, sowie endlich zu verlangen, daß einer oder mehrere der Genannten als persönlich haftende Gesellschafter in die Gesellschaft aufgenommen werden. Im übrigen sollten ihr die Rechte eines von der Geschäftsführung ausgeschlossenen Gesellschafters einer offenen Handelsgesellschaft zustehen.

Unter ins einzelne gehenden Behauptungen des Inhalts, daß der beklagte Ehemann die Rechte seiner Frau in einer Weise wahrnehme, die eine weitere Zusammenarbeit mit ihm unzumutbar erscheinen lasse, hat der Kläger Klage darauf erhoben, 1. dem beklagten Ehemann die Befugnis zu entziehen, die der beklagten Ehefrau als Kommanditistin zustehenden gesellschaftlichen Rechte persönlich auszuüben, sowie 2. festzustellen, daß der Kläger berechtigt ist, den beklagten Ehemann als Bevollmächtigten der beklagten Ehefrau zur Ausübung der ihr als Kommanditistin zustehenden gesellschaftlichen Rechte zurückzuweisen.

Das Landgericht hat nach dem Klagantrag erkannt und diese Entscheidung auf entsprechende Anwendung des § 117 HGB. über die Entziehung der Geschäftsführungsbefugnisse des Gesellschafters einer OHG. aus wichtigem Grunde gestützt. Das Berufungsgericht hat die Klage aus Rechtsgründen abgewiesen. Es legt dar, eine entsprechende Anwendung des § 117 HGB. sei nicht zulässig, da es sich um eine eng auszulegende Ausnahmevorschrift handele und die entsprechende Anwendung zu einer Sonderrechte der Kommanditistin einschränkenden Vertragsumgestaltung gegen den Willen der Kommanditistin und ohne Stütze im Gesetz führen würde. Gegenüber dem beklagten Ehemann stelle die Klage einen unzulässigen Versuch der Beeinträchtigung seiner ehegüterrechtlichen Befugnisse dar. Zulässig erscheine nur die Zurückweisung etwaiger treuwidriger Maßnahmen der Beklagten im Einzelfalle und darüber hinaus lediglich die etwaige Ausschließung der für das Verhalten ihres Mannes entsprechend § 278 BGB. haftbaren Kommanditistin auf Grund der §§ 161 Abs. 2, 133, 142 HGB., nicht dagegen der mit der Klage begehrte Eingriff, der dahin führe, daß das Kapital der Beklagten weiter in der Gesellschaft arbeite, die vertraglichen Sicherungsrechte der Beklagten aber weitgehend ausgeschaltet würden.

Die Revision führte zur Aufhebung des Berufungsurteils.

Gründe

I. Der Antrag, dem beklagten Ehemann die Befugnis zur persönlichen Ausübung der Rechte seiner Ehefrau als Kommanditistin zu entziehen, stützt sich auf entsprechende Anwendung des § 117 HGB.

1. Als Antrag auf rechtsgestaltenden Eingriff in die Ausübung von Gesellschafterrechten hat er sich gegen die Gesellschafterin, die beklagte Ehefrau, zu richten. Aber auch die Mitverklagung des Ehemannes erscheint gerechtfertigt. Ein nur gegen die Ehefrau ergehendes Urteil würde dem Manne gegenüber in Ansehung des eingebrachten Gutes unwirksam sein, sofern er nicht der Prozeßführung der Frau zustimmt (§ 1400 Abs. 1 BGB.). Eine solche Zustimmung des beklagten Ehemannes zur Prozeßführung durch die Ehefrau allein ist nicht erteilt. Sie ist, wie die Ausführungen im nächsten Abschnitt ergeben, auch nicht infolge Einwilligung des Mannes zum selbständigen Betrieb eines Erwerbsgeschäfts durch die Frau i. S. des § 1405 BGB. entbehrlich. § 1400 Abs. 1 BGB. muß auch auf Gestaltungsklagen angewandt werden. Die Frau hätte sonst die Möglichkeit, den Mann dadurch auszuschalten, daß sie sich einer auf Beschränkung der Rechte des Mannes gerichteten Klage gegenüber säumig oder nicht bestreitend verhält und es so zu einem Urteil nach Klagantrag kommen läßt. Das erscheint mit den Regeln des ehelichen Güterrechts, insbesondere mit dem Grundsatz des § 1400 Abs. 1 BGB. nicht vereinbar. Zwar ergibt sich so die Möglichkeit, daß in einem von der Frau ohne Zustimmung des Mannes geführten Rechtsstreit ein allen Dritten gegenüber wirksames Gestaltungsurteil ergeht, das lediglich dem Manne gegenüber in Ansehung des eingebrachten Gutes nicht wirkt. Eine ähnliche Beschränkung von Urteilswirkungen ist dem Gesetz aber nicht fremd (§ 643 ZPO.) und der oben dargelegten Gefahr einer Ausschaltung des Mannes vorzuziehen. Um mit seiner Klage vollen Erfolg zu erzielen, muß der Kläger daher die Zustimmung des Mannes durch ein gegen ihn ergehendes Urteil ersetzen. Auf Erklärung der Zustimmung durch den beklagten Ehemann hat der Kläger keinen Anspruch; er kann daher auch keine Klage auf Zustimmung mit dem Ziele des Ersatzes der Zustimmungserklärung selbst durch Urteil gemäß § 894 ZPO. gegen ihn erheben. Die Verurteilung des Mannes zur Duldung der Zwangsvollstreckung in das eingebrachte Gut reicht nicht aus, da eine Vollstreckung — auch eine Vollstreckung im weiteren Sinne — hier nicht in Frage steht; es bleibt daher als das gebotene Mittel für den Kläger die Mitverklagung des beklagten Ehemannes mit der Folge, daß die Gestaltung durch das Urteil auch ihm gegenüber ausgesprochen wird.

2. Nicht einzugehen ist auf die Fragen, ob die Beteiligung der Ehefrau an einem Handelsunternehmen als Kommanditistin als selbständiger Betrieb eines Erwerbsgeschäftes i. S. des § 1367 BGB. anzusehen ist, ob diesfalls nur der Erwerb oder auch der Kommanditanteil und — durch Überlassungsrechtsgeschäft gemäß § 1370 BGB. — auch der Anteil der

Frau am Gesellschaftsvermögen Vorbehaltsgut ist oder nicht (vgl. Wieruszowski, Handbuch des Eherechts II, S. 252 F. und Note 48; Wolff in Kipp-Wolff, Familienrecht, § 46 I 1 c; Mitteis in Festgabe für das Reichsgericht III S. 211; Glitsch in Ehrenberg's Handbuch II 1 S. 167, 184, 187; Hueck, Das Recht der offenen Handelsgesellschaft 1946, S. 168 Note 97; RG. in LZ. 1930, S. 246[11], RGZ. Bd. 59, S. 29; Bd. 87, S. 102; Bd. 127, S. 114).

Die etwaige Einordnung der Kommanditbeteiligung in den § 1367 BGB. setzt nämlich als Mindestes voraus, daß tatsächlich die Frau und nicht der Mann die verantwortliche Verwaltung des Kommanditanteils führt. Zwar ist, wenn man überhaupt die Kommanditbeteiligung unter § 1367 BGB. bringt, in erster Linie entscheidend, daß das Geschäft im N a m e n der Frau geführt wird, d. h. hier, im Namen der auch für sie als Kommanditistin zuständigen Gesellschaftsfirma (vgl. Wolff u. Wieruszowski a.a.O.). Das kann aber dort nicht ausschlaggebend sein, wo tatsächlich der Mann nicht nur die Arbeit leistet, sondern, wie der beklagte Ehemann, eindeutig die verantwortliche Verwaltung des Kommanditanteils fuhrt (vgl. RGRK. zum BGB. §§ 1376 N. 3 und 1405 N. 4).

Es ist also davon auszugehen, daß die Kommanditbeteiligung der beklagten Ehefrau nicht den selbständigen Betrieb eines Erwerbsgeschäfts durch sie darstellt. Schon aus diesem Grunde gehört die Beteiligung zum eingebrachten Gut der beklagten Ehefrau.

3. Damit ist aber noch nicht unzweifelhaft festgestellt, daß der Mann die Gesellschafterinnenrechte der Frau gegenüber dem Mitgesellschafter ausüben könne. Das wird zwar vielfach angenommen (Weipert im RGRK. zum HGB. § 114, N. 6 und § 118 N. 4; Heymann-Kötter, N. 1 zu § 118 HGB.; RG. in LZ. 1930 S. 246[11]), aber doch auch mit gewichtigen Gründen bekämpft. Bezüglich der Geschäftsführung und Vertretung bei der offenen Handelsgesellschaft führen Hueck (a.a.O. S. 168 Ziff. 2) und Glitsch (a.a.O. S. 185) dagegen aus, die Gesellschafterrechte zur Geschäftsführung und Vertretung seien höchstpersönlich und die Gesellschaft brauche sich die Ausübung durch einen anderen nicht gefallen zu lassen. Beide entscheiden aber anders bezüglich der Kontrollrechte, die der Mann bei der Kommanditbeteiligung der Frau ausüben könne. (Hueck S. 103, Glitsch S. 187.)

Es handelt sich um einen Widerstreit zwischen Erfordernissen des Gesellschaftsrechts und des Familienrechts, insbesondere des ehelichen Güterrechts. Dem Gesellschaftsrecht widerspricht das vom Willen der Mitgesellschafter unabhängige, kraft Gesetzes erfolgende Hineinwirken eines Dritten, des Ehemannes der Gesellschafterin, in die Angelegenheiten der Gesellschaft. Das eheliche Güterrecht gibt dem Mann eine vom Willen der Frau unabhängige Verwalterstellung bezüglich des eingebrachten Gutes. Wo die Grenze zwischen den Erfordernissen der beiden Rechtskreise zu ziehen ist, braucht hier nicht allgemein entschieden zu werden. Die Verwalterstellung des Mannes ist zum mindesten überall dort anzuerkennen, wo sie nicht auf überwiegende gesellschaftsrechtliche Gegengründe stößt. Sie besteht daher insbesondere bei allen lediglich der Sicherung der Gesellschafterin dienenden Kontrollrechten und darüber hinaus bei Mitwirkungsrechten zum mindesten dort, wo die anderen Gesellschafter sich damit einverstanden erklärt haben. Es handelt sich dann auch insoweit nicht etwa um Erteilung einer Handlungsvollmacht oder dergleichen an den Mann, wie Hueck (S. 168) meint, sondern um das gesetzliche Verwaltungsrecht des Mannes, dem infolge des Einverständnisses der Mitgesellschafter kein überwiegender gesellschaftsrechtlicher Grund entgegensteht. Auch wenn also grundsätzlich anzunehmen wäre, daß der Mann zwar Kontrollrechte, aber keine Mitwirkungsrechte gegen den Willen der Gesellschafter ausüben könne, so müßte doch mindestens dann eine Ausnahme gemacht werden, wenn die Gesellschafter selbst zugestimmt haben. Eine solche Zustimmung kann dann auch nicht willkürlich, sondern nur aus wichtigem Grunde gemäß § 117 HGB. wieder rückgängig gemacht werden.

Es erübrigt sich daher, hier zu prüfen, inwieweit es sich bei den der Beklagten vertraglich eingeräumten Rechten um solche zur Kontrolle und inwieweit darüber hinaus um solche zur Mitwirkung handelt. Die Ausübung der Rechte der beklagten Ehefrau durch den beklagten Ehemann ist auf Grund seines Verwaltungsrechts in vollem Umfange, nicht nur bezüglich der Kontrollrechte, grundsätzlich gerechtfertigt.

4. Ist das aber der Fall, so müssen Maßnahmen, die gegen die ihren Anteil selbst verwaltende Frau auf Grund oder in entsprechender Anwendung des § 117 HGB. zulässig sind, bei Verwaltung des Anteils durch den Mann auch in dem Sinne getroffen werden können, daß seine Verwaltungsbefugnis am Kommanditanteil entsprechend beschränkt wird. Diese Auffassung verstößt entgegen der Ansicht des Berufungsgerichts nicht gegen zwingende Vorschriften des ehelichen Güterrechts, stellt insbesondere nicht den Versuch dar, außerhalb des Rahmens des § 1418 BGB. dem Ehemann das Verwaltungsrecht zu nehmen. Eine Klage der Frau aus § 1418 BGB. gegen den Mann würde dessen Verwaltungsrecht im g a n z e n betreffen und damit nur im Ergebnis auch auf die Verwaltung des Kommanditanteils einwirken. Umgekehrt betrifft die Klage aus § 117 HGB. nur die Gestaltung der Ausübung von Befugnissen im Rahmen des G e s e l l s c h a f t s v e r h ä l t n i s s e s und wirkt sich nur mittelbar auch auf die Verwalterstellung des Ehemannes aus. Daß um dieser Wirkung willen ein Eingriff aus § 117 HGB. unzulässig sein sollte, der gegenüber einem seinen Gesellschaftsanteil selbst verwaltenden Gesellschafter aus dem Verhalten dieses Gesellschafters selbst heraus gerechtfertigt wäre, erscheint weder theoretisch zutreffend noch praktisch tragbar. Die Mitgesellschafter einer Ehefrau dürfen nicht dadurch schlechter gestellt sein, daß der Anteil der Ehefrau nicht von ihr selbst, sondern durch ihren Mann verwaltet wird. Die abweichende Auffassung des Be-

rufungsgerichts würde, wie die Revision mit Recht rügt, nur zu dem unliebsamen Ergebnis führen, daß Maßnahmen gegen die beklagte Ehefrau ergriffen werden müßten, die ihr gegenüber an und für sich weder gerechtfertigt noch erforderlich erscheinen. Ob allerdings auch die Entziehung von Befugnissen nur des Mannes, so, daß nun die Frau im Widerstreit mit dem entgegenarbeitenden Mann selbst für die Verwaltung ihres Anteils sorgen müßte, zulässig erscheint, sei dahingestellt. Eine Entziehung kann vielleicht aus familienrechtlichen Gründen nur gegen beide Gatten ausgesprochen werden, wobei sich die Frau das Verhalten des Mannes in entsprechender Anwendung des § 278 BGB. entgegenhalten lassen müßte. (Palandt § 278 N 2a und § 1363 N 2.) Anders ist es aber, wo, wie mit der gegenwärtigen Klage, nur eine Beschränkung des Mannes in der Ausübung seiner Verwaltungsrechte am Kommanditanteil begehrt wird, so daß er weiterhin, wenn auch nicht persönlich, sein Verwaltungsrecht soll ausüben können. Gegen eine solche Beschränkungsklage besteht kein familienrechtliches Bedenken.

Über den Klageantrag zu 1. ist also so zu entscheiden, als handele es sich um die Klage gegen einen Gesellschafter, der seinen Anteil selbst verwaltet und dem selbst das Verhalten zur Last gelegt wird, wie es hier dem Ehemann der Gesellschafterin vorgeworfen wird.

5. Nach § 117 HGB. kann dem Gesellschafter einer offenen Handelsgesellschaft aus wichtigem Grunde auf Antrag des oder der Mitgesellschafter durch gerichtliche Entscheidung die Befugnis zur Geschäftsführung entzogen werden. § 127 HGB. ordnet dasselbe bezüglich der Vertretungsbefugnis an. Im Gegensatz zum Berufungsgericht sieht der Senat in diesen Vorschriften nicht eng auszulegende Ausnahmeregeln, sondern den Ausdruck eines allgemeinen Gedankens, der auch in entsprechender Anwendung jener Vorschriften, insbesondere des § 117 HGB., zur Auswirkung zu bringen ist. Es handelt sich um die Begrenzung des Anspruchs der Gesellschafter auf Beteiligung am Rechtsleben der Gesellschaft dort, wo diese Beteiligung ein gedeihliches Arbeiten der Mitgesellschafter unmöglich zu machen droht oder sonst deren Interessen schwer beeinträchtigt, somit letzten Endes um die Sondergestaltung eines Falles unzulässiger Rechtsausübung oder, noch allgemeiner gesagt, des Prinzips des § 242 BGB. (siehe Weipert § 117 N. 2). Dabei ist die Beschränkung der §§ 117, 127 HGB. auf Geschäftsführung und Vertretung nicht in dem Sinne zu verstehen, daß damit eine Anwendung des Prinzips auf andere Fälle von vornherein ausgeschlossen wäre. Vielmehr ist sie daraus zu erklären, daß mit der Geschäftsführung und der Vertretung diejenigen Bereiche genannt sind, in denen ein richterliches Eingreifen sich am häufigsten und dringlichsten als erforderlich erweisen wird. So ist denn auch anerkannt, daß § 117 HGB. entsprechende Anwendung auf solche besonderen Mitwirkungs- und Kontrollrechte leidet, die einem Kommanditisten vertraglich eingeräumt sind (Heymann-Kötter, § 161 N. 2 a. E.;

RGZ. Bd. 110, S. 418; für vertraglich eingeräumte Rechte des Gesellschafters einer OHG.: Hueck, S. 80 VII 2, und Weipert, § 117 N. 2). Dabei ist jedoch nicht Halt zu machen, vielmehr muß der § 117 HGB. auch dort entsprechend angewandt werden, wo im Einzelfall aus besonderen Gründen die Ausübung gesetzlicher, nicht unter den Begriff der Geschäftsführung fallender Mitwirkungs- und Kontrollrechte die gedeihliche Arbeit der Gesellschaft schwer beeinträchtigt. Wie weit dabei im Interessenwiderstreit der Gesellschafter auch die Entziehung gesetzlicher Befugnisse erfolgen kann, sei dahingestellt; eine Ausübungsbeschränkung, wie sie hier begehrt wird, kann jedenfalls ihre Grenze nicht schlechthin an gesetzlichen Befugnissen, hier an denen der §§ 164, 166 HGB., finden. Das hieße aus formalen Gründen einen Weg versperren, der dem richtig verstandenen Interesse aller Beteiligten entspricht: dem Interesse der Gesellschaft, also aller Gesellschafter, an gedeihlicher Arbeit, dem Interesse des betroffenen Gesellschafters daran, daß die Mitgesellschafter kein schärferes Mittel (das wäre die Ausschlußklage) gegen ihn zur Anwendung bringen, als unbedingt erforderlich erscheint.

6. Es ist nämlich gerade im Gesellschaftsrecht anerkannt, daß möglichst jeweils nur das mildeste ausreichende Abhilfsmittel zuzulassen ist: Der Ausschluß eines Gesellschafters nach § 140 HGB. ist nur das äußerste Mittel (Weipert, § 140 N. 10, RG. in Seuff. Arch. 95 Nr. 2; RGZ. Bd. 164, S. 257). Milder ist bereits die Entziehung einzelner Rechte nach oder entsprechend §§ 117, 127 HGB. Auch sie ist aber nicht notwendig, ja grundsätzlich nicht gerechtfertigt, wo ein geringerer Eingriff, eine Beschränkung, ausreicht (Weipert, § 117 N. 24, § 127 N. 9, Düringer-Hachenburg-Flechtheim, § 117, N. 6; Hueck, S. 84 Ziffer 8, RG. in JW. 1935 S. 696 mit zustimmender Anmerkung Schmidt-Ernsthausens).

Das Bedenken des Berufungsgerichts, um dessentwillen es glaubt, sich dieser Auffassung nicht anschließen zu können, greift nicht durch. In der Regel wird eine Beschränkung, wie sie beispielsweise hier verlangt wird, dem betroffenen Gesellschafter zumutbar sein. Entwickelt sich die Lage im Einzelfalle anders, so ist die Beschränkung für den davon Betroffenen ein wichtiger Grund, sei es — bei einem geschäftsführenden Gesellschafter — zur Niederlegung der Geschäftsführung, sei es zur Auflösungsklage (Weipert, § 117 N. 24, Hueck S. 84, N. 8). Der in seinen Rechten durch Gestaltungsurteil Beschränkte steht also nicht schutzlos da: die notwendigen Kontrollrechte bleiben, nur der Ausübung nach beschränkt, erhalten; wenn gleichwohl die Lage für ihn unzumutbar wird, kann er seinerseits die Auflösung der Gesellschaft betreiben.

Ein Gesichtspunkt darf aber bei dieser entsprechenden Anwendung des § 117 HGB. nicht übersehen werden: Stets muß der Grund, auf welchen die Beschränkungsklage gestützt wird, an sich auch ausreichen, um einem geschäftsführenden Gesellschafter die gesamte Geschäftsführung zu entziehen. § 117 HGB. stellt nicht — darin ist den Revisionsbeklagten

Recht zu geben — ein Mittel dar, um auf der Grundlage geringfügiger Beschwerden geringe Abänderungen zu erzielen, er gibt vielmehr eine Ausnahmebefugnis, die einen schwerwiegenden Grund voraussetzt und nur folgenmäßig auf das unbedingt erforderliche Maß zu begrenzen ist.

Ist sonach die Anwendung des § 117 HGB. grundsätzlich gerechtfertigt, so könnte es doch bedenklich erscheinen, anzuordnen, daß der Gesellschafter seine Rechte nur durch einen Bevollmächtigten solle ausüben dürfen. Es handelt sich weitgehend um höchstpersönliche Rechte, die nicht übertragbar, regelmäßig auch nicht der Ausübung nach einem Bevollmächtigten zu überlassen sind (Weipert § 114 N. 6, § 118 N. 4; Heymann-Kötter, § 118 N. 1; Hueck, S. 75 Ziff. 2, S. 103, Ziff. 3). Das kann aber nur in dem Sinne gelten, daß der Mitgesellschafter sich eine Bevollmächtigung in der Regel nicht gefallen zu lassen braucht. Er kann aber und muß u. U. sogar nach Treu und Glauben zur Vermeidung schärferer Eingriffe in die Stellung des Gesellschafters (RG. in JW. 1935 S. 696, RG. in Seuff. Arch. 95 Nr. 2; RGZ. Bd. 164 S. 257) die Vertretung zulassen.

Da die Klage dem Beklagten sowohl die persönliche Ausübung der vertraglichen Befugnisse der beklagten Ehefrau durch diese selbst als auch die Ausübung der Befugnisse des beklagten Ehemannes durch einen — dem Kläger zumutbaren — Bevollmächtigten freistellt, bestehen auch von dieser Seite her keine Bedenken gegen die Zulässigkeit des Klagbegehrens.

7. Was der Kläger zur Rechtfertigung seines Klagantrages zu 1. vorbringt, ist, seine Richtigkeit unterstellt, geeignet, die beantragte Ausübungsbeschränkung zu begründen. Es ergibt sich das Gesamtbild eines Verhaltens des beklagten Ehemanns, das eine den Interessen der Gesellschaft dienliche Geschäftsführung des Klägers schwer beeinträchtigt. Die Zwischenschaltung eines Bevollmächtigten oder die Ausübung der Befugnisse der Kommanditistin durch diese selbst erscheinen auch nicht ungeeignet, tragbare Verhältnisse zu schaffen. Die Beklagten haben jedoch ihrerseits Behauptungen aufgestellt, die, als richtig unterstellt, das Verhalten des beklagten Ehemannes doch in wesentlich anderem Licht erscheinen lassen. Das Berufungsgericht ist, von seinem Standpunkt aus zu Recht, auf das beiderseitige Vorbringen nicht näher eingegangen. Die Sache bedarf daher einer neuen Verhandlung in der Tatsacheninstanz. Das Berufungsgericht wird dabei u. U. auch zu prüfen haben, ob eine etwa grundsätzlich gerechtfertigte Ausübungsbeschränkung auch auf die gesetzlichen Rechte, insbesondere das Kontrollrecht des § 166 HGB. erstreckt werden muß oder ob eine so weitgehende Anordnung nicht erforderlich erscheint. Je nach dem Ergebnis der neuen Verhandlung und einer etwaigen Beweisaufnahme kann es auch u. U. bedeutsam werden, zu prüfen, ob auf Grund der Vertragsklausel über das geschwisterliche Verhalten der Gesellschafter Vorgänge, die sonst vielleicht nicht

zur Feststellung eines wichtigen Grundes ausreichen würden, als schwere Verstöße gegen den Vertrag zu werten sind.

Wie es mit dem Recht der beklagten Ehefrau steht, ihren Mann als persönlich haftenden Gesellschafter in die Kommanditgesellschaft zu bringen, und wie die Lage wäre, falls der beklagte Ehemann die Stellung eines persönlich haftenden Gesellschafters einnähme, kann dahingestellt bleiben. Der Klage kann jedenfalls nicht deswegen die Berechtigung abgesprochen werden, weil gegebenenfalls einmal auf Grund besonderer Vertragsbestimmungen eine Lage eintreten könnte, die das Ergebnis dieses Rechtsstreits als überholt erscheinen lassen würde.

II. Die beklagte Ehefrau läßt ihre Befugnisse durch den beklagten Ehemann nicht nur kraft dessen Verwaltungsrechts, also aus seinem eigenen Recht, ausüben, sondern auch kraft von ihr erteilter Vollmacht. Würde dem Mann die Ausübung seines Verwaltungsrechts am Kommanditanteil nach § 117 HGB. entsprechend dem Klagantrag zu 1. beschränkt, so wäre doch damit zu rechnen, daß er, gestützt auf die Vollmacht der Frau, gleichwohl weiter persönlich tätig bliebe. Es bedarf keiner besonderen Begründung, daß in Fällen, in denen nach § 117 HGB. gegen die Verwaltung des Kommanditanteils durch den Mann einzuschreiten ist, auch eine Vollmacht des Mannes weichen muß. Der Kläger hat einen wichtigen Grund zur Ablehnung des beklagten Ehemannes als Bevollmächtigten. Er hat auch ein rechtliches Interesse an alsbaldiger Feststellung, daß der beklagte Ehemann als Bevollmächtigter nicht weiterhin gegenüber dem Kläger handeln dürfe. Der Feststellungsantrag ist zu Recht gegen beide Beklagte gerichtet. Die beklagte Ehefrau ist Vertragspartei des Klägers und bedient sich im Rahmen dieses Vertrages des beklagten Ehemannes als Bevollmächtigten. Das rechtfertigt die Klage gegen sie. Der beklagte Ehemann steht zwar für seine Person in Rechtsbeziehungen nicht zum Kläger, sondern nur zu der ihn bevollmächtigenden beklagten Ehefrau. Auf dieses Rechtsverhältnis zwischen den Beklagten wirkt aber die Zurückweisung des beklagten Ehemannes als Bevollmächtigten durch den Kläger ein; der Kläger hat daher ein berechtigtes Interesse daran, daß das auch dem beklagten Ehemann als dem Bevollmächtigten gegenüber festgestellt wird. Das genügt zur Zulassung der Feststellungsklage auch gegen ihn (RGZ. Bd. 128, S. 92, Bd. 142, S. 223).

Zur Sache selbst bedarf es auch zu diesem Klagantrag der erneuten Verhandlung vor dem Berufungsgericht.

8. 1. Ein Miterben-Gläubiger kann die ihm von einem Miterben-Schuldner angebotene Leistung nicht mit der Begründung ablehnen, die Miterben hafteten ihm nur gesamthänderisch und teilschuldnerisch, dagegen nicht gesamtschuldnerisch.

2. Die Verordnung Nr. 92 der Militärregierung ist auch auf die Rückzahlung von Forderungen anwendbar, welche durch vor Inkrafttreten der Verordnung erfolgte Kündigung fällig geworden sind.

3. Die Anweisung Nr. 29 der Militärregierung bezieht sich nur auf Einzelanordnungen, nicht auf Gesetze und Verordnungen der Militärregierung.

4. Die Verordnung Nr. 92 der Militärregierung verbietet die Anwendung der §§ 157, 242 BGB. nicht schlechthin, sondern nur als Handhabe zur Ausschaltung des Satzes „Mark gleich Mark" als solchen. Sie setzt sich daher und gesehen als Vorbereitungsmaßnahme für eine umfassende, mit einem Lastenausgleich verbundene Währungsreform nicht mit Axiomen des deutschen Rechts in Widerspruch.

BGB. §§ 157, 242, 426, 2058, 2059 Abs. 2 Verordnung Nr. 92 der Militärregierung, Anweisung 29 der Militärregierung. — Zentral-Justizblatt 1947 S. 42 und 114, 1948, S. 5.

Zivilsenat. Urt. v. 1. Juli 1948 i. S. W. (Bekl.) w. Witwe W. (Kl.). ZS 8/48.

I. Landgericht Hagen.
II. Oberlandesgericht Hamm.

Die Klägerin ist die Mutter des Beklagten. Die Parteien sind neben sieben Geschwistern des Beklagten gesetzliche Erben des verstorbenen Ehemanns der Klägerin und Vaters des Beklagten. Die Erbengemeinschaft ist noch ungeteilt.

Der zum Nachlaß gehörende Grundbesitz ist mit einer Darlehnshypothek von 14 000 RM belastet. Der Erblasser war auch persönlicher Schuldner. Das Darlehn war mit 5 Prozent verzinslich und auf beiden Teilen freistehende, Kündigung nach sechs Monaten rückzahlbar.

Der Beklagte hat diese Hypothek ohne Wissen der anderen Erben erworben. In der darüber aufgenommenen, von der früheren Gläubigerin und dem Beklagten unterschriebenen notariellen Urkunde vom 8. April 1947 heißt es:

„Diese Post nebst den Zinsen seit dem 1. April 1947 wird hierdurch abgetreten an den W. Zedentin erklärt, in Höhe des vorgenannten Betrages befriedigt zu sein, und bewilligt und beantragt die grundbuchliche Eintragung dieser Abtretung und die Aushändigung des Hypothekenbriefes an den Gläubiger."

Im Grundbuch ist daraufhin am 6. Juni 1947 die Abtretung der Hypothek nebst den Zinsen seit dem 1. April 1947 eingetragen worden.

Die Prozeßbevollmächtigten der Klägerin haben darauf an diejenigen des Beklagten unter dem 24. Juni 1947 wie folgt geschrieben:

„. . . Frau Wwe. W. ist nicht gewillt, an ihren eigenen Sohn Hypothekenzinsen zu zahlen. Sie hat uns deshalb beauftragt, ihrem Sohne die Hypothek hiermit zum nächstmöglichen Termin — das ist der 24. Dez. 1947 — zu kündigen. Dieser Kündigung der Mutter haben sich alle Geschwister angeschlossen . . ."

Ob die übrigen Geschwister-Miterben von vorneherein mit der Kündigung einverstanden waren, ist streitig, der Abwesenheitspfleger eines Miterben-Bruders hat jedenfalls erst mit Schreiben an den Beklagten vom 11. November 1947 der Kündigung zugestimmt.

Die Klägerin hat auf Feststellung der Wirksamkeit der Kündigung geklagt.

Das Landgericht hat die Klage abgewiesen. Es faßt die Kündigung als solche des dinglichen Rechts auf und erklärt sie auf Grund der §§ 1141, 2040 BGB. für unwirksam.

Die Klägerin hat sodann nach Ablauf der Kündigungsfrist den Schuldbetrag abzüglich des Mitschuldanteils des Beklagten als Miterben unter Rücknahmeverzicht für den Beklagten hinterlegt und in der Berufungsinstanz beantragt, festzustellen, daß der Beklagte durch die erfolgte Hinterlegung wegen seiner Forderung aus der Hypothek befriedigt sei, und den Beklagten zu verurteilen, in die Löschung der Hypothek einzuwilligen.

Das Berufungsgericht hat die begehrte Feststellung getroffen und den Beklagten verurteilt, auch seinerseits als Mitglied der Erbengemeinschaft die zur Löschung der Hypothek erforderlichen Erklärungen abzugeben.

Im Gegensatz zum Landgericht hat das Berufungsgericht angenommen, das Kündigungsschreiben sei, wenn es auch nur von der „Hypothek" spreche, auch auf die persönliche Schuld der Klägerin, die dem Beklagten nach § 2058 BGB. als Gesamtschuldnerin hafte, zu beziehen und insoweit wirksam, demnach auch die Hinterlegung. Das Berufungsgericht stellt weiter fest: Die anderen Miterben hätten ihren Anteil an die Klägerin gezahlt, damit sei die Hypothek in vollem Umfange Eigentümergrundschuld geworden, alle Miterben außer dem Beklagten seien mit der Löschung einverstanden, daher sei auch der Beklagte als Miterbe verpflichtet, die zur Erzielung der Löschung erforderlichen Erklärungen abzugeben.

Die Revision des Beklagten hatte keinen Erfolg.

Aus den Gründen:

I. Die Voraussetzungen für die Zulässigkeit der Feststellungsklage müssen grundsätzlich bei Schluß der mündlichen Verhandlung erfüllt sein — Baumbach § 256 Note 3 A, Schoenke, Zivilprozeßrecht, § 44 III 5 a —. Wegfall des Feststellungsinteresses kann also eine Feststellungsklage unzulässig machen. Wird jedoch ein neuer Antrag neben dem Feststellungsantrag gestellt, so bedarf es der Prüfung des Fortbestandes des Feststellungsinteresses nicht, wenn der Feststellungsantrag, später erhoben, sich als zulässige Zwischenfeststellungsklage gemäß § 280 ZPO. dargestellt hätte, — Baumbach § 256 Note 1 B, RG. HRR. 1935, S. 813 —. Es wäre unzweckmäßig, den ursprünglichen Antrag als unzulässig abzuweisen, ihn aber gemäß § 280 ZPO. in der Auslegung, die das Reichsgericht dieser Vorschrift mit Recht gegeben hat — RGZ. Bd. 113, S. 412 —, neu zuzulassen. Der Feststellungsantrag der Klägerin zielt auf Klarstellung der Befriedigung des Beklagten. Die Pflicht des Beklagten als Miterben, zur Löschung mitzuwirken, besteht nur, wenn er durch Befriedigung seine Gläubigerstellung verloren hat. Die Frage, ob der Beklagte seine Forderung gegen die Erbengemeinschaft verloren hat, ist also entscheidend für die Frage seiner Mitwirkungspflicht, ohne andererseits durch die Rechtskraft der nur das dingliche Recht betreffenden Verurteilung zur Mitwirkung bei der Löschung umfaßt zu werden. Damit rechtfertigt sich die Aufrechterhaltung des Feststellungsbegehrens zum mindesten aus § 280 ZPO., so daß die Frage des Fortbestandes des Feststellungsinteresses gemäß § 256 ZPO. auf sich beruhen kann.

II. 1. Der Beklagte hat Forderung und Hypothek nicht durch Befriedigung der Gläubigerin kraft Gesetzes, sondern durch Abtretung erworben. Hätte allerdings der Beklagte die Forderung der früheren Gläubigerin durch Zahlung getilgt, so wäre die Forderung gemäß § 426 Abs. 2 BGB. in Höhe der Rückgriffsansprüche des Beklagten gegen die anderen Miterben zu entsprechenden Teilbeträgen auf ihn übergegangen und in Höhe seines eigenen Schuldanteils gemäß § 362 Abs. 1 BGB. erloschen. Entsprechend hätte sich die Hypothek gemäß §§ 401, 412 BGB. in Rückgriffshypotheken des Beklagten gegen die anderen Miterben zerlegt und in Höhe des Schuldanteils des Beklagten gemäß § 1163 Abs. 2 BGB. in eine Eigentümergrundschuld der Erbengemeinschaft gewandelt. Die frühere Gläubigerin hätte weder über die Forderung noch über die Hypothek verfügen können, ihre Abtretungserklärung wäre als Verfügung über Rechte Dritter — an einen mit der Sachlage vertrauten „Erwerber" — wirkungslos gewesen, die Klägerin hätte, weder Schuldnerin aufs Ganze, noch Eigentümerin, nur in Höhe ihres Schuldanteils wirksam hinterlegen können— §§ 372, Satz 1, 267 Abs. 1, verglichen mit §§ 268 Abs. 1 u. 2 und 1142 Abs. 1 u. 2 BGB. —.

Die Zahlung des Beklagten an die frühere Gläubigerin ist aber nicht zur Tilgung der Forderung, sondern als Entgelt für die kaufweise Abtretung der Forderung nebst Hypothek erfolgt. Zwar leitet die Fassung der notariellen Erklärung, die Zedentin erkläre, in Höhe des vorgenannten Betrages befriedigt zu sein, irre. Sie legt auf den ersten Blick den Schluß nahe, daß die Zahlung zum Zwecke der Tilgung der Hypothekenforderung erfolgt sei. Aber diese Deutung hält einer genaueren Nachprüfung nicht stand. Der Ausdruck „Befriedigung" kann sich auch auf den Gegenwert für die Abtretung beziehen, zumal es nicht heißt, daß die „Gläubigerin" wegen der vorgenannten „Forderung" oder „Hypothek" befriedigt sei, sondern die „Zedentin" wegen des vorgenannten „Betrages". Hinzu kommt, daß der Befriedigungsvermerk der ausdrücklichen Abtretungserklärung nachfolgt und wiederum nur die Einleitung des Antrages auf Eintragung der Abtretung darstellt, daß ferner laufende Zinsen mitabgetreten werden, was zur Tilgung der Forderung von vornherein nicht passen würde, und daß der Hypothekenbrief an den Beklagten als „neuen Gläubiger" — des ganzen, einheitlichen Rechts — ausgehändigt werden soll. Der Beklagte wollte nicht die Schuld der Erbengemeinschaft tilgen, sondern Forderung und Hypothek erwerben und die Erklärung sowohl der früheren Gläubigerin, als auch des Beklagten deckt, wenn auch mangelhaft, diesen Willen. Daß ein Miterbe eine Forderung gegen die Erbengemeinschaft durch Abtretung erwerben kann, ist außer Zweifel, daß auch der Brief übergeben ist — §§ 1117, 1154 BGB. — mangels abweichenden Vorbringens anzunehmen.

2. Die Kündigungserklärung der Prozeßbevollmächtigten der Klägerin umfaßte Forderung und Hypothek. Das hat das Berufungsgericht unter Berücksichtigung des Sprachgebrauchs und des näheren Inhalts des Kündigungsschreibens ohne Verstoß gegen Auslegungsregeln in für das Revisionsgericht bindender Weise festgestellt. Wenn das Berufungsgericht auch in seinen diesbezüglichen Ausführungen, wie die Revision rügt, darauf abstellt, was die Klägerin „gedacht" und „gewollt" habe, so ergeben doch die Darlegungen des Berufungsgerichts im ganzen, daß es auch hat feststellen wollen — und in anderen Sätzen auch festgestellt hat —, daß die Klägerin das gewollte und gedachte auch erkennbar zum Ausdruck gebracht, also erklärt hat, § 157 BGB. Die Klägerin war daher auch, entgegen der Ansicht der Revision, nicht darauf beschränkt, ihre Kündigungserklärung wegen Irrtums anzufechten, kann diese Erklärung vielmehr in dem Sinne geltend machen, wie sie durch das Berufungsgericht ausgelegt worden ist, also als Kündigung auch der persönlichen Forderung.

3. Ob die Kündigung für die Hypothek — das dingliche Recht — wirksam war, ist zweifelhaft, kann aber dahingestellt bleiben. Grundstückseigentümerin — § 1141 BGB. — war die Erbengemeinschaft, nicht die Klägerin. Ob in der Kündigung nach § 1141 BGB. wegen Herbeiführung der Pfandreife eine Verfügung über das Grundstück liegt, so daß

gemäß § 2040 BGB. alle Miterben hätten mitwirken müssen, kann auf sich beruhen. Zum mindesten hätte es aber eines Mehrheitsbeschlusses der Miterben auf Kündigung und Bevollmächtigung der Klägerin zu deren Erklärung bedurft — § 2038 Abs. 2 mit § 745, § 180 Satz 1 BGB. — RGRK. § 745 N. 1. Ob ein solcher Beschluß — unter pflichtwidriger, aber die Gültigkeit nicht beeinträchtigender Übergehung des Abwesenheitspflegers, Palandt § 745 N. 1 RGRK. § 745 N. 2 — vor der Kündigung gefaßt ist, ist bestritten. Der Beklagte behauptet, daß die Miterben zum Teil erst nachträglich zugestimmt und unterschrieben hätten. Eine Heilung der einmal unwirksamen Kündigung durch Genehmigung nach § 185 Abs. 2 BGB. gibt es aber nicht — KG. in OLG. Bd. 15 S. 327, RG. in Recht 1924 S. 1319 —. Der Sachverhalt, soweit er festgestellt ist, reicht also nicht aus, die Wirksamkeit der Kündigung des dinglichen Rechts darzutun.

Nach § 139 BGB., der anerkanntermaßen auch auf Fälle der Unwirksamkeit anwendbar ist — vgl. z. B. Palandt N. 1 —, ist aber die etwaige Unwirksamkeit der Kündigung der Hypothek nicht auf die Kündigung der Forderung zu erstrecken. Es ist klar, daß der Klägerin die Kündigung der Forderung genügte, die ihr die Zahlung und mittels dieser auch die Einwirkung auf die Hypothek ermöglichte.

Soweit allerdings die Gesamthandsschuld — § 2059 II BGB. — der Miterben in Betracht kommt, begegnet die Kündigung den gleichen Bedenken wie die Kündigung der Hypothek. Es hätte wiederum zum mindesten eines vorgängigen Mehrheitsbeschlusses der Miterben bedurft. Die Klägerin haftete aber gemäß § 2058 BGB. dem Beklagten auch als Gesamtschuldnerin und als solche konnte sie auch allein, mit Wirkung nur für und gegen sich selbst, kündigen — § 425 BGB. —. Das Reichsgericht hat sich zwar auf den Standpunkt gestellt, der Miterbengläubiger könne vor der Erbauseinandersetzung die Miterbenschuldner nicht gesamtschuldnerisch, sondern nur entweder mit der Gesamthandsklage oder teilschuldnerisch nach § 426 Abs. 1 u. 2 BGB. in Anspruch nehmen; das folge daraus, daß er eben nicht nur Gläubiger, sondern auch Miterbe sei — RGZ. Bd. 93, S. 196 ff., JW. 1929, S. 584". Diese Auffassung hat Zustimmung gefunden — u. a. Planck-Ebecke § 2039, N. 3 — ist aber auch stark angegriffen worden — RGRK. § 2058 N. 2, Staudinger-Herzfelder § 2059 N. 1 b, § 2046 Nr. 4 II, Hallstein zu JW. 1929, S. 584[14], Bender in Iherings Jahrbüchern Bd. 88, S. 31 ff. Hallstein weist vor allem darauf hin, daß das Reichsgericht sich mit diesen Entscheidungen zu seinem im Gesellschaftsrecht eingenommenen Standpunkt in Widerspruch setze, wonach dem Gesellschafter-Gläubiger einer offenen Handelsgesellschaft die Gesamtschuldklage neben der Gesamthandsklage zustehe. In der Tat ist schwer einzusehen, wieso dem Miterben-Gläubiger versagt sein soll, was dem durch die gesellschaftliche Treupflicht besonders gebundenen Gesellschaftsgläubiger freisteht. Die richtige Lösung wird hier wie dort im Sinne einer durch die Rücksicht auf Treu und Glauben stark beschränkten Gesamtschuldhaftung zu suchen sein, wie Hueck — Das Recht der offenen Handelsgesellschaft, 1946, S. 182 — sie für das Gesellschaftsrecht vertritt. Hier genügt in Übereinstimmung mit dem Berufungsurteil die Feststellung, daß die dem Schutze des Miterbenschuldners dienende Reichsgerichtsrechtsprechung nicht herangezogen werden darf, um dem zahlungswilligen Miterben die Zahlung zu versagen. Es wäre eine begriffliche Überspitzung, wollte man folgern, die Miterbenschuldner seien keine Gesamtschuldner und könnten sich nicht selbst durch Zahlungswilligkeit zu solchen machen. Daß vielmehr auch das Reichsgericht von dem Bestehen eines Gesamtschuldverhältnisses ausgeht und dieses nur zum Schutz der Miterben nicht zur vollen Auswirkung kommen lassen will, geht daraus hervor, daß es nach der Erbteilung echte Gesamtschuldhaftung der Miterben annimmt — RGZ. Bd. 150, S. 344 —.

Die Klägerin konnte also die Schuld im ganzen wirksam kündigen und nach Annahmeverzug des Beklagten den Gesamtbetrag abzüglich des eigenen Schuldanteils des Beklagten wirksam hinterlegen.

4. Durch die Tilgung — § 378 BGB. — trat nunmehr die Zerlegung und Umwandlung der Hypothek nach Maßgabe dessen ein, was für den Fall der Tilgung durch den Beklagten bereits dargelegt wurde. In Höhe der Schuldanteile der Klägerin und des Beklagten wurde die Hypothek Eigentümergrundschuld, in Höhe der Schuldanteile der anderen Miterben wurde sie zu Rückgriffshypotheken der Klägerin — s. auch RGZ. Bd. 92, S. 146; KGJ. Bd. 50, Nr. 60, S. 208; RGRK § 1143 N. 1 —. Durch die Zahlungen der anderen Miterben an die Klägerin erlosch sodann auch insoweit die gemäß § 426 Abs. 2 BGB. auf die Klägerin übergegangene Forderung, die Hypothek wurde einheitlich zur Eigentümergrundschuld der Erbengemeinschaft — § 1163 Abs. 1 Satz 2 BGB. —.

5. Über diese Eigentümergrundschuld wollen die Miterben außer dem Beklagten durch Löschung verfügen. Die Verfügung bedarf der Mitwirkung aller Miterben — § 2040 Abs. 1 BGB. — und bezüglich des Abwesenden der vormundschaftsgerichtlichen Genehmigung zur Erklärung seines Pflegers — § 1812 Abs. 1 u. 3 BGB., Palandt N. 2 b —. Die Miterben außer dem Beklagten haben einen Mehrheitsbeschluß gefaßt — §§ 2038 Abs. 2, 745 BGB. —, diese Verfügung durchzuführen. Die Übergehung des Beklagten bei der Beschlußfassung steht der Gültigkeit des Beschlusses nicht entgegen — Palandt § 745 N. 1 RGRK. § 745 N. 2 —. Als Miterbin hat die Klägerin das Recht, von dem Beklagten die Mitwirkung zu der Verfügung zu verlangen — Kipp in Kipp-Wolff Familienrecht, § 82 VI 2, Staudinger-Herzfelder § 2038 Anm. 2c β. Sie braucht dazu nicht erst die Genehmigung des Vormundschaftsgerichts zur Erklärung des Abwesenheitspflegers beizubringen. Es kann dahingestellt bleiben, ob widerstreitende Urteile über die Mitwirkungspflicht mehrerer Miterben unbedingt vermieden werden müssen — RGZ. Bd. 93 S. 292 —, jedenfalls darf man aber die Verurteilung eines Miterben zur Mitwirkung gemäß einem

Mehrheitsbeschluß nicht deswegen ablehnen, weil die vormundschaftsgerichtliche Genehmigung zur notwendigen Erklärung eines anderen Miterben noch aussteht. Das gilt um so mehr, als das Vormundschaftsgericht die Verpflichtung des Pfleglings durch den Mehrheitsbeschluß zu berücksichtigen, die Genehmigung daher im Zweifel zu erteilen hat, deswegen übrigens auch mit Grund Wert darauf legen wird, zu sehen, welchen Standpunkt das Prozeßgericht zur Frage der Verbindlichkeit des Mehrheitsbeschlusses eingenommen hat. Da somit das Fehlen der vormundschaftsgerichtlichen Genehmigung zur Erklärung eines der zur freiwilligen Mitwirkung bereiten Miterben der Verurteilung des Beklagten nicht im Wege steht, kann die umstrittene Frage auf sich beruhen, ob die Genehmigungsbedürftigkeit durch Verurteilung des Abwesenheitspflegers erübrigt werden könnte — § 894 ZPO., Kipp § 115, N. 36; Palandt § 1821, N. 1 b mit Zit. —.

6. Das so in Übereinstimmung mit dem Berufungsgericht gefundene Ergebnis der Tilgung der Forderung des Beklagten und seiner Verpflichtung, zur Löschung mitzuwirken, ändert sich endlich auch, entgegen der Ansicht der Revision, nicht durch die Einwirkungen des Währungsverfalls.

Es handelt sich um eine auf Reichsmark lautende Forderung, die nach dem 1. Juli 1947 zur Rückzahlung gekommen ist und daher nach der VO. Nr. 92 der Mil.-Reg. ohne Rücksicht auf die Wertveränderung des Geldes in Reichsmark zu begleichen war. Daß die Rückzahlbarkeit der Forderung durch eine Kündigung bewirkt und diese Kündigung vor dem 1. Juli 1947 ausgesprochen ist, ist ohne Belang. Die VO. Nr. 92 unterscheidet nicht danach, ob eine Forderung nach Gesetz, Vereinbarung oder durch Kündigung rückzahlbar wird, stellt es auch ausdrücklich dahin, ob die — somit offenbar auch vom Grundsatz Mark gleich Mark aus zu beurteilende — Fälligkeit vor oder nach dem 1. Juli 1947 eingetreten ist, spricht vielmehr allgemein aus, daß Forderungen der in der VO. genannten Art, insbesondere Reichsmarkforderungen, in Reichsmark zu erfüllen sind — s. auch Duden DRZ. 1947 S. 375, OLG. Hamburg MDR. 1948 S. 85 —. Selbst wenn aber zeitlich vor dem 1. Juli 1947 liegende Vorgänge, die die Fälligkeit und Rückzahlbarkeit von Forderungen beeinflussen, nicht unter dem Gesichtspunkt Mark gleich Mark zu beurteilen und damit in ihren Rechtsfolgen Einwendungen aus Veränderung der Geschäftsgrundlage oder ähnlichen Gesichtspunkten ausgesetzt wären, könnte das doch gegenüber dem Kündigungsschreiben vom 24. Juni 1947 nicht in Betracht kommen. Das Schreiben enthält ausschließlich die Kündigung, d. h. die Erklärung, die die Fälligkeit der Forderung nach Ablauf von sechs Monaten herbeiführen sollte und herbeiführte. In welcher Währung und zu welchem Betrag dann zurückzuzahlen war, ob die Zahlung dann angenommen werden mußte oder die Annahme einstweilen verweigert werden konnte, das war von der Rechtslage abhängig, die im Zeitpunkt des Eintritts der Fälligkeit bestehen würde. Die Klägerin kündigte nicht „zur Rückzahlung in Reichsmark", sondern sie kündigte schlechthin, d. h. zur Rückzahlung nach Maßgabe des im Fälligkeitszeitpunkt geltenden Rechts, das auch das Recht einer neuen Währung hätte sein können. Eine solche Kündigung steht als bloße Herbeiführung der Fälligkeit außerhalb des Bereiches, in welchem die Veränderung der Geschäftsgrundlage von rechtlicher Bedeutung sein kann. Sie hatte daher in jedem Falle ihre Wirkung und brachte damit die Rückzahlung unter die Herrschaft der VO. Nr. 92 der Mil.-Reg.

7. Die Revision stellt die Verbindlichkeit der VO. Nr. 92, die Axiome des deutschen Rechts — §§ 157, 242 BGB. — außer Kraft setze, zur Überprüfung.

Gegenüber Gesetzen und Verordnungen der Militärregierung steht den Gerichten nicht das Recht zu, sie als in der Gültigkeit zweifelhaft zu behandeln und sich der Gerichtsbarkeit zu enthalten, bis etwa die Militärregierung die Genehmigung zur Entscheidung erteilt habe — entgegen Koch NJ. 1948, S. 170 ff. —. Ein solches Verhalten kommt nur gegenüber Einzelanordnungen der Militärregierung in Frage — Anweisung 29 der Militärregierung, ZJBl. 1947, S. 42 und 114 —. Wenn auch in dem Satz, der die Ausnahmen von der grundsätzlichen Regelung der Anweisung 29 zusammenfaßt, neben „Anordnungen" und „Anweisungen" auch „Verordnungen" („ordinance") erwähnt werden, so geschieht das doch offenbar nur, um der Möglichkeit einer zu engen Auffassung des Ausnahmesatzes vorzubeugen. Jeden Zweifel daran, daß die Anweisung 29 nur Einzelanordnungen betrifft, behebt die Erläuterung der Militärregierung zu dieser Anweisung — ZJBl. 1948, S. 5 —, die den Beweis des tatsächlichen Erlasses einer sich unmittelbar auf die Sache auswirkenden Anordnung zur Voraussetzung für die Vorlage eines Streitfalles an die Militärregierung macht.

Gesetze und Verordnungen der Militärregierung sind somit, wie Gesetze und Verordnungen überhaupt, grundsätzlich schlechthin anzuwenden. Daß es begrifflich eine Grenze gibt, jenseits derer auch gesetztes Recht kein Recht mehr ist, ist eine dem deutschen Volk jüngst nachdrücklich in Erinnerung gerufene Wahrheit. Der hier zur Entscheidung stehende Rechtsstreit gibt aber keine Veranlassung, näher darauf einzugehen, wo allgemein die Grenze verläuft, jenseits derer Gesetz nicht mehr Recht ist, ob diese Grenze gegenüber den Gesetzen der Besatzungsmacht dieselbe ist wie gegenüber deutschen Gesetzen und ob die Feststellung der Überschreitung jener Grenze zur Nichtanwendung des Gesetzes oder, in entsprechender Anwendung der Anweisung 29, zur Vorlage der Sache an die Militärregierung zu führen hätte — vgl. u. a. Kleinrahm DRZ. 1948 S. 73 ff., Koch NJW. 1948 S. 170 ff., Duden DRZ. 1948 S. 165 ff. —. Mit Duden a.a.O. ist nämlich davon auszugehen, daß die VO. 92 die Geltung der §§ 157, 242 BGB nicht schlechthin sondern nur zu dem Ziele und in der Begrenzung ausschließen wollte, zu vermeiden, daß mittels dieser Vorschriften der Satz „Mark gleich Mark" wie in der Aufwertungszeit als solcher ausgeschaltet werden könnte. Daß aber die VO. 92 den Satz „Mark gleich Mark" aufrechterhielt — nicht etwa neu aufstellte — s. dazu die bei Koch a.a.O. wiedergegebene Erklärung der OMGUS. vom 17. Juli 1947 —, war als Vorbereitungsmaßnahme für eine geplante umfassende, mit einem Lastenausgleich verbundene Währungsreform eine Anordnung, die sich der Anzweifelung wegen im Einzelfall mit ihr verbundener Härten entzieht. Es mag darüber gestritten werden, ob mehr für und weniger gegen die Lösung der VO. 92 oder die von einigen deutschen Gerichten vor dem Inkrafttreten dieser VO. versuchte Lösung eines Aufschubs der Rückzahlbarkeit spricht. Das ist ein Fragenbereich, der weit diesseits der Grenze liegt, bei welcher die Anzweifelung der Gültigkeit von Gesetzen in Betracht kommt.

Ist sonach schon allgemein die Gültigkeit der VO. 92 nicht anzuzweifeln, so käme ein Bedenken gegen ihre Anwendung auf die Rückzahlung an den Beklagten ohnehin nicht in Betracht. Er hat die Hypothek im April 1947 für Reichsmark erworben und kann sich nicht darüber beschweren, daß er sie im Dezember 1947 in Reichsmark zurückgezahlt erhält.

9. 1. Zur Anhörung des Generalstaatsanwalts nach § 12 Abs. 3 der Durchführungsverordnung vom 17. Nov. 1947.

2. Die Legitimation eines unehelichen Kindes durch nachfolgende Ehe kann als Vorfrage in einem Rechtsstreit mit Dritten zur Entscheidung gebracht werden, solange nicht schon eine Entscheidung im Statusverfahren ergangen ist.

Durchführungsverordnung vom 17. Nov. 1947, § 12 Abs. 3, BGB. §§ 1719, 1593, ZPO. §§ 256, 640 ff.

Zivilsenat. Urt. v. 1. Juli 1948 i. S. Anton G. (Bekl.) gegen Marga G. (Kl.).

I. Landgericht Essen.
II. Oberlandesgericht Hamm.

Tatbestand

Die Klägerin ist die eheliche Tochter des am 13. Januar 1934 in Bottrop ohne letztwillige Verfügung verstorbenen Heinrich G. aus dessen am 25. November 1908 mit Katharina geb. K. geschlossener Ehe. Diese hatte vor der Ehe am 25. Juni 1906 in D. (Belgien) den Kläger geboren, den Heinrich G. bei der Eheschließung als sein Kind anerkannt hat. Ein Vermerk über die Anerkennung wurde in die Heiratsurkunde aufgenommen, am 26. Mai 1909 trug der Standesbeamte in D. bei der Geburtsurkunde diese Anerkennung ein.

Die Klägerin behauptet, der Beklagte sei in Wahrheit kein Kind des Heinrich G., sie bestreitet ihm mit dieser Begründung das Erbrecht und hat beantragt, festzustellen, daß der Beklagte nach Heinrich G. nicht erbberechtigt ist.

Beide Vorinstanzen haben der Klage entsprochen.

Zur Begründung ihrer Klage hat die Klägerin vorgetragen, ihre Eltern hätten sich erst Ende 1907 oder Anfang 1908 kennengelernt, ihr Vater könne daher der Mutter des Klägers in der vom 27. August bis 26. Dezember 1905 laufenden Empfängniszeit nicht beigewohnt haben. Zum Beweise hierfür hat sie Abschriften zweier Briefe vom Januar und März 1908 vorgelegt, deren Richtigkeit der Beklagte nicht bestritten hat.

Weiterhin hat die Klägerin Beweise dafür angetreten, daß sowohl der Vater wie die im Jahre 1940 ebenfalls verstorbene Mutter anderen Personen gegenüber wiederholt erklärt hätten, der Beklagte sei nicht der Sohn des Heinrich G.

Beide Vorinstanzen haben die Briefe dahin gewürdigt, daß sie nach der Lebenserfahrung die Möglichkeit ausschließen, daß der Schreiber zur Empfängerin schon vorher in geschlechtlichen Beziehungen gestanden haben könnte. Sie ziehen aus den Zeugenaussagen den Schluß, daß der Vater G. niemals den Beklagten als seinen leiblichen Sohn angesehen hat.

In rechtlicher Hinsicht sieht das Berufungsgericht kein Hindernis, in einem den gewöhnlichen Prozeßvorschriften unterliegenden Rechtsstreit den Streit über ein Kindesverhältnis als Vorfrage auszutragen, solange nicht in einem Verfahren nach §§ 640, 643 ZPO. eine rechtskräftige Feststellung getroffen ist. Es geht weiter davon aus, daß die Anerkennung der Vaterschaft durch den Ehemann der Mutter einerseits nicht die Voraussetzung für die Legitimation sei, wenn dieser wirklich der Erzeuger war, daß diese Anerkennung andererseits lediglich die Vermutung für eine Beiwohnung in der gesetzlichen Empfängniszeit begründe. Werde diese Vermutung durch einen Gegenbeweis widerlegt, so stehe fest, daß die Mutter sich nicht mit dem Vater des Kindes verheiratet habe; und die Rechtsfolge des § 1719 BGB. trete nicht ein. Nach dem Tode des Ehemannes könne zwar die Unehelichkeit nicht mehr mit Wirkung gegen Dritte nach §§ 640, 643 ZPO. festgestellt werden, und deshalb müsse die Beischreibung in der Geburtsurkunde bestehen bleiben, aber das hindere Dritte nicht an der Geltendmachung der Unehelichkeit.

Die Revision greift zunächst die Rechtsausführungen an. Sie meint unter Hinweis auf zahlreiche Entscheidungen und Schrifttumsäußerungen, das durch nachfolgende Ehe legitimierte Kind habe eine dem ehelich geborenen Kinde völlig gleichartige Stellung, so daß auch hier unter analoger Anwendung des § 1593 BGB. die Anfechtung der Ehelichkeit nur durch den Vater erfolgen könne. Die Vermutung des § 1720 Abs. 2 BGB. könne zwar widerlegt werden, aber auch das sei nur im Wege der Statusklage nach §§ 640, 643 BGB. möglich.

Weiter greift die Revision die bei der Beweiswürdigung vom Berufungsgericht angewendeten Grundsätze an, es sei nicht zwischen der nach § 1720 Abs. 2 BGB. vermuteten Beiwohnung und der aus Abs. 1 sich ergebenden Vermutung unterschieden, daß das Kind aus dieser Beiwohnung entstanden ist.

Schließlich gibt die Revision zu erwägen, ob eine Beteiligung des Generalstaatsanwalts an dem Verfahren nach § 12 Abs. 3 der DfVO. vom 17. 11. 1947 in Betracht zu ziehen ist.

Entscheidungsgründe

Die Revision ist form- und fristgerecht eingelegt, aber nicht begründet.

I. Der Umstand, daß der Beklagte in Belgien geboren ist, gab Anlaß zu der von Amts wegen — auch in der Revisionsinstanz — vorzunehmenden Nachprüfung, ob er etwa die belgische Staatsangehörigkeit besitze und damit Angehöriger der Vereinten Nationen ist. Diese Frage ist zu verneinen. (Wird ausgeführt.)

II. § 12 Abs. 3 der DfVO. vom 17. November 1947 schreibt die Anhörung des Generalstaatsanwalts in drei grundsätzlich verschiedenen Fällen vor:

1. vor einer Entscheidung des Plenums,
2. in Ehe- und Entmündigungssachen und in Rechtsstreitigkeiten, welche die Feststellung des Rechtsverhältnisses zwischen Eltern und Kindern zum Gegenstand haben,
3. in Rechtsstreitigkeiten, welche die Anfechtung einer Todeserklärung zum Gegenstand haben.

Die amtliche Begründung gibt keinen Anhalt dafür, welche gesetzgeberischen Gründe in jedem der drei Fälle für die Vorschrift maßgebend waren. Für den hier allein in Betracht kommenden Fall 2 liegt aber kein Anhaltspunkt dafür vor, daß die Anhörung irgendeinen anderen Zweck haben sollte, als dem Generalstaatsanwalt die Gelegenheit zu einer Beteiligung im Rahmen der §§ 607, 640 ZPO. zu geben. Diese Beteiligung ist im öffentlichen Interesse deshalb vorgesehen, weil das in dem Statusverfahren ergehende Urteil für und gegen alle wirkt. Im vorliegenden Fall handelt es sich wohl sachlich um die Frage, ob der Beklagte die rechtliche Stellung eines ehelichen Kindes gegenüber dem verstorbenen Vater G. hat, aber formell ist es kein Statusverfahren, das ergehende Urteil wirkt nur zwischen den Parteien, Gegenstand des Rechtsstreits ist nicht die Feststellung des Rechtsverhältnisses zwischen Eltern und Kindern, sondern die Feststellung, ob der Beklagte erbberechtigt ist oder nicht. Infolgedessen ist die Anhörung des Generalstaatsanwalts weder nach § 12 Abs. 3 DVO. vorgeschrieben noch sachlich geboten.

III. Voraussetzung der Legitimation durch nachfolgende Ehe ist, daß der (wirkliche) Vater des unehelichen Kindes dessen Mutter heiratet. Die Rechtsfolge tritt ein, ohne daß es eines Staatsaktes bedürfte, und ohne eine Willenserklärung, ja selbst gegen den Willen der Beteiligten. Wer die Rechtsfolge behauptet, braucht also nur den Nachweis zu führen, daß der Ehemann der Mutter der Erzeuger des Kindes ist. Zur Vereinfachung dieses Nachweises gibt § 1720 BGB. zwei grundsätzlich und inhaltlich verschiedene Vorschriften.

1. Wenn der Ehemann der Mutter ihr innerhalb der gesetzlichen Empfängniszeit beigewohnt hat, so „gilt" er als Vater des Kindes und dieses ist durch die Ehe legitimiert. Ebenso wie im Falle des § 1591 gibt es hier nur den einzigen Gegenbeweis der offenbaren Unmöglichkeit (§ 1720 Abs. 1).

2. Ob der Ehemann der Mutter ihr innerhalb der Empfängniszeit beigewohnt hat, kann mit jedem geeigneten Beweismittel bewiesen werden. Hat er aber seine Vaterschaft nach der Geburt des Kindes in einer öffentlichen Urkunde anerkannt, so wird die Beiwohnung vermutet (§ 1720 Abs. 2). Irgendeine Beschränkung der gegen diese Vermutung zulässigen Beweismittel ist nicht vorgesehen. Dieser Beweis kann also nach § 292 ZPO. auf jedem sonst zulässigen Wege geführt werden. Eine sich dabei etwa ergebende Unbestimmtheit des Beweisergebnisses, ein „non liquet"

geht nach ständiger Rechtsprechung zu Lasten desjenigen, der die Vermutung zu entkräften sucht.

Das Berufungsgericht hält es „für undenkbar, daß der Briefschreiber vor dem ersten Briefe in geschlechtlichen Beziehungen zur Empfängerin gestanden haben könnte". Diesen Schluß zieht das Gericht zulässigerweise in erster Linie aus dem Wortlaut der Briefe. Wenn es dann in zutreffender Würdigung der Beweisaufnahme zur Untermauerung seiner Feststellung hinzugefügt, „das Ergebnis der Zeugenvernehmung im ersten Rechtszuge unterstreiche die Deutung der beiden Briefe", die Aussagen zeigten, daß der Vater G. den Beklagten niemals als seinen leiblichen Sohn anerkannt habe, so hat es damit nicht etwa, wie die Revision meint, der subjektiven Meinung dieses Vaters eine entscheidende Bedeutung beigemessen, sondern seine Ausführungen können nur dahin verstanden werden, daß dem Vater G. bekannt war, daß er seiner nachmaligen Ehefrau in der Empfängniszeit nicht beigewohnt hatte und daß d e s h a l b der Beklagte nicht sein Sohn sein könne.

IV. Es bleibt hiernach noch zu entscheiden die — prozessual im Vordergrund stehende und den Hauptangriffspunkt der Revision bildende — Frage, ob für den geltend gemachten Feststellungsanspruch der hier gewählte Weg des ordentlichen Rechtsstreits (§ 256 ZPO.) gegeben ist oder ob dafür nur das Offizialverfahren nach §§ 640, 643 ZPO. möglich ist. Eine Unterfrage dazu ist die, ob die durch die nachfolgende Ehe erlangte Rechtstellung dem Kinde von einem Dritten streitig gemacht werden kann, ohne daß ein Anfechtungsverfahren vorangegangen wäre. Auch in diesem Punkte ist der Meinung des Berufungsgerichts entgegen den Ausführungen der Revision beizutreten. Die Hinweise der Revision auf verschiedene Urteile und auf Äußerungen im Schrifttum sind nicht geeignet, die Meinung zu bestätigen, daß eine Nachprüfung der Wirksamkeit der Legitimation im Wege der Feststellungsklage nicht zulässig sei.

1. Jonas (16. Aufl., Bem. I, 1a zu § 640 ZPO.) will dem Fall der Ehelichkeit eines Kindes im Sinne des § 1593 BGB. den Fall gleichstellen, daß ein zunächst unehelich geborenes Kind nach Feststellung des Vormundschaftsgerichts gemäß § 31 PersStG. und § 22 AusfVO. durch nachfolgende Ehe die Rechtsstellung eines ehelichen Kindes erlangt hat. Daran schließt er den von der Revision erwähnten Satz: „Zur Rechtsstellung des ehelichen Kindes gehört es, daß Zweifel an der Ehelichkeit eben n u r im Wege der Anfechtungsklage geltend gemacht werden können."

Es mag dahingestellt bleiben, ob der Ansicht von Jonas für den von ihm vorausgesetzten Fall beizutreten sein würde, denn hier ist eine solche Feststellung durch das Vormundschaftsgericht weder erfolgt noch konnte sie erfolgen, weil das im § 31 PersStG. geregelte Verfahren erst lange nach der Geburt, sogar erst nach der Volljährigkeit des Beklagten eingeführt worden ist. Für den Fall, daß eine solche Feststellung nicht erfolgt ist, hält auch Jonas (Bem. I, 2, a zu § 640 ZPO.) nicht die Anfechtungsklage (etwa in ausdehnender Anwendung des § 1593 BGB.) für gegeben, sondern die Feststellungsklage, und für diese schreibt er das Statusverfahren der §§ 640 ff. ZPO. dann vor, wenn Vater und Kind als Parteien beteiligt sind. Der Fall, daß der Streit zwischen dem Kinde und einem Dritten besteht, wird an dieser Stelle nicht erwähnt, und wenn Jonas in Vorb. I zu § 640 ZPO. meint, ein Verbot, die hier geordneten Rechtsverhältnisse als Vorfragen in dem den gewöhnlichen Grundsätzen unterstehenden Verfahren zum Austrage zu bringen, bestehe zwar ausdrücklich nur für den Fall des § 1593 BGB., es müsse aber „auch für die übrigen Rechtsverhältnisse des § 640 ein solches Verbot als im Sinne des Gesetzes liegend angesehen werden", so ist auch damit noch nichts bewiesen, weil zu diesen „Rechtsverhältnissen" nur das Bestehen eines Eltern- und Kindesverhältnisses zwischen den Parteien gehört und nicht auch das entsprechende Verhältnis einer Prozeßpartei zu einem Dritten, der am Prozeß nicht beteiligt ist.

2. Etwas weiter im Sinne des Beklagten geht im Schrifttum lediglich Boehmer (Zeitschrift der Akademie für Deutsches Recht 1943 S. 202 ff.). Er führt aus, dem Wortlaut nach gelte § 1593 BGB. zwar nur für eheliche Kinder, aber „der ihm zugrunde liegende Gedanke, daß, solange die „Ehelichkeit" de jure besteht, eine Geltendmachung der wahren Vaterschaft nicht zulässig sein soll, da dies die Autorität des gesetzlichen Befehls und den Rechtsfrieden der Sippe untergraben würde und Anlaß zu widersprechenden Entscheidungen geben könnte", gelte auch bei legitimierten Kindern. Boehmer muß zugeben, daß es hier eine Anfechtungsklage nach § 1593 nicht gibt, sondern nur die Feststellungsklage; er verläßt damit selbst den zunächst eingeschlagenen Weg der unmittelbaren Analogie und gibt keine aus dem Begriff abgeleitete Erklärung dafür, warum diese — unzweifelhaft zulässige — Statusfeststellungsklage der einzige Weg sein soll, um die Frage der Legitimation nachzuprüfen. Die von ihm angeführten Gesichtspunkte könnten, auch soweit sie nicht nationalsozialistisches Gedankengut sind, nur für den Gesetzgeber bedeutsam sein.

Schwörer (DFG. 1939 S. 185 ff.) geht ebenso wie das von ihm angeführte Urteil des LG. Berlin (DJ. 1939 S. 1405) von der Feststellung aus, daß es im Falle der Legitimation weder für den „Vater" noch für den Staatsanwalt ein Anfechtungsrecht gibt, er schlägt die Einführung eines solchen durch Änderung des Gesetzes vor als Ersatz für die von ihm bekämpfte Feststellung durch das Vormundschaftsgericht im Verfahren nach § 22 der 1. AusfVO. zum PersStG., dessen Fortgeltung er in DRZ. 1947 S. 121 überhaupt bezweifelt. Für die Meinung der Revision lassen sich diese Ausführungen ebensowenig verwerten wie diejenigen von Bosch (SJZ. 1947 Sp. 314 ff.), der in einem gerade dem vorliegenden Fall genau entsprechenden Beispiel (Sp. 319) ausdrücklich die Zulässigkeit einer Feststellungsklage gemäß § 256 ZPO. bejaht.

3. Das Reichsgericht hat in der von der Revision besonders hervorgehobenen Entscheidung RGZ. Bd. 76 S. 283 die Klage einer ausländischen Staatsangehörigen gegen einen Inländer auf Herausgabe eines Kindes abgewiesen, das als eheliches Kind des Beklagten eingetragen war, aber nach Behauptung der Klägerin von ihr und nicht von der Ehefrau des Beklagten geboren sein sollte. Die Zulässigkeit der Herausgabeklage wurde vom Reichsgericht davon abhängig gemacht, daß zuvor oder gleichzeitig die allgemein, insbesondere aber dem Kinde gegenüber gültige Feststellung erwirkt würde, wem das Elternrecht über das Kind zustehe. Es wird vom Reichsgericht anerkannt, daß das Gesetz keine ausdrückliche Vorschrift über die Notwendigkeit dieses Statusverfahrens enthalte, wie es z. B. für die Geltendmachung der Nichtigkeit einer Ehe der Fall sei, aber die Gründe seien hier die gleichen wie dort. Dies Schweigen des Gesetzes werde „leicht" daraus erklärt, „daß der Gesetzgeber sich entweder eines praktischen Bedürfnisses dazu nicht bewußt war, oder dessen Befriedigung der Rechtsprechung glaubte überlassen zu können."

Hierzu ist zunächst zu bemerken, daß das streitige Kind nach Behauptung der Klage gar nicht von der Ehefrau desjenigen Mannes geboren war, der das Vaterrecht für sich in Anspruch nahm, die Frage der Legitimation stand gar nicht zur Erörterung. Außerdem wird die Entscheidung in so starkem Umfange mit Gesichtspunkten des öffentlichen Rechts, der Staatsangehörigkeit, der Wehrpflicht und der Steuerpflicht des Kindes und mit der Ausländereigenschaft der Klägerin begründet, daß gegen ihre Richtigkeit schon für den besonderen Einzelfall Bedenken bestehen. Mit Recht ist daher eine Verallgemeinerung der aufgestellten Grundsätze schon in der Entscheidung JW. 1916 S. 1337 Nr. 7 abgelehnt worden, und die Entscheidung RGZ. Bd. 122 S. 24 ff. stellt ausdrücklich fest, auch gegen denjenigen, der das Recht der elterlichen Gewalt für sich in Anspruch nimmt, könne auf Herausgabe des Kindes ohne dessen Zustimmung geklagt werden, es bestehe kein Verbot, den Streit über ein Kindesverhältnis (im Sinne des § 640 ZPO.) als Vorfrage in einem den gewöhnlichen Prozeßgrundsätzen . . . . . unterstehenden Prozeß über die Herausgabe zum Austrag zu bringen. Eine Übertragung der in RGZ. Bd. 76 S. 283 angestellten Erwägungen auf einen Streit zwischen deutschen Elternteilen um die Gültigkeit des Staatsakts der Ehelichkeitserklärung wird abgelehnt, wiederum mit Hinweis darauf, daß es sich in jenem früheren Falle um eine ausländische Klägerin gehandelt habe.

Es kann daher der Revision darin nicht gefolgt werden, daß die Entscheidung RGZ. Bd. 122 S 24 ff einen Sonderfall betreffe, der die Grundsätze der früheren Entscheidung unberührt ließe, sondern es stellt umgekehrt diese frühere Entscheidung eine auf die besonderen Umstände des Einzelfalls abgestellte und mit ihnen begründete Ausnahme von der Regel dar, wie sie vor allem in der Entscheidung RGZ. Bd. 122 S. 24 ff. aufgestellt wird.

4. Die Revision beruft sich auch zu Unrecht auf das Urteil des Oberlandesgerichts Stuttgart in DR. 1941 S. 1558 ff. Es wird zwar entschieden, daß das Eltern- und Kindesverhältnis gemäß § 640 Abs. 1 ZPO. nur zwischen den als Eltern und Kindern in Anspruch genommenen Personen festzustellen ist, daß das gleiche auch für den blutsmäßigen Vater und sein Kind gelte und daß das zwischen dem legitimierten Kinde und seinem Vater bestehende Verhältnis nur durch die Statusklage beseitigt werden könne. Trotz allem wird aber — und das ist hier entscheidend — die Möglichkeit offen gelassen, das Rechtsverhältnis von Eltern und Kindern oder vom blutsmäßigen Vater zu seinem Kinde in einem Rechtsstreit Dritter zur — mittelbaren — Entscheidung zu bringen, wenn es als Vorfrage auftaucht.

5. Wenn einmal in einem Statusverfahren gemäß § 640 ff. ZPO. mit Wirkung für und gegen alle festgestellt ist, ob ein von der Ehefrau vor der Ehe geborenes Kind durch die nachfolgende Ehe legitimiert ist oder nicht, so wird dadurch in aller Regel das Feststellungsinteresse auch für und gegen jeden Dritten weggefallen sein, und für einen besonderen Feststellungsprozeß nach der Regel des § 256 ZPO. ist kein Raum mehr. Tritt die Frage der Legitimation als Vorfrage in einem anderen Prozeß auf, so bedarf sie keiner Prüfung oder Entscheidung mehr. Das ist die positive Auswirkung der §§ 640 ff. ZPO. Eine umgekehrte Vorschrift, wie sie für die Frage der Nichtigkeit einer Ehe (§ 23 EheG. 1946) und für die Unehelichkeit eines in der Ehe geborenen Kindes (§ 1593 BGB.) besteht, enthält das Gesetz nicht. Für ehelich geborene Kinder hat neuerdings Nathan (NJ 1948 S. 50) in seiner Stellungnahme zu dem ebenda und SJZ. 1948 Sp. 262 abgedruckten Urteil des Kammergerichts vom 1. August 1947 sogar die Weitergeltung des § 1593 BGB. in seiner letzten Fassung in Zweifel gezogen.

Die Vorschrift des § 1593 BGB. ist nach dem Bekanntwerden der Entscheidung RGZ. Bd. 122 S. 24 wiederholt umgestaltet worden. (Ges. vom 12. 4. 1938, RGBl. I, S. 380 und VO. vom 6. 2. 1943, RGBl. I, S. 80.) Wenn es im Willen des Gesetzgebers gelegen hätte, die Regelung auch auf solche Kinder auszudehnen, die nicht eheliche Kinder „sind" (§ 1591), sondern nur die „rechtliche Stellung eines ehelichen Kindes erlangt haben" (§§ 1719, 1736, 1757), so hätte das bei Gelegenheit dieser Gesetzesänderung erfolgen können. Da es nicht geschehen ist, so ist daraus auf einen gegenteiligen Willen des Gesetzgebers zu schließen. Wenn, wie im vorliegenden Falle, eine Feststellung der Legitimation durch das Vormundschaftsgericht nach § 31 PersStG. nicht getroffen ist, so bestehen hiernach keine durchgreifenden Bedenken gegen die vom Berufungsgericht vertretene Auffassung. Es ist möglich, in einem Rechtsstreit mit Dritten die Frage der Legitimation eines Kindes als Vorfrage zur Entscheidung zu bringen. Voraussetzung ist, daß nicht vorher schon eine ausdrückliche Entscheidung im Statusverfahren ergangen ist. Zu beachten bleibt, daß eine solche Feststellung stets nur im Verhältnis zwischen den Prozeßparteien wirkt und daß dadurch insbesondere auch der Personenstand des Kindes nicht berührt wird.

10. Für die Beurteilung der Sachdienlichkeit einer Klagänderung in der Berufungsinstanz spielen nicht nur die Gesichtspunkte eine Rolle, die bei einer Klagänderung in erster Instanz zu beachten sind, sondern daneben auch der Umstand des Verlustes einer Tatsacheninstanz bei Zulassung der Klagänderung.

ZPO. §§ 264, 523.

Zivilsenat. — Urt. v. 1. Juli 1948 i. S. R. (Kl.) w. Eheleute St. (Bekl.) — ZS 59/48.

I. Landgericht Aachen.
II. Oberlandesgericht Köln.

Die beklagte Ehefrau ist Eigentümerin eines Fabrikanwesens. Sie trat Ende 1945 oder Anfang 1946 in Verkaufsverhandlungen mit dem Kläger ein. Nachdem die Parteien zunächst an einen Verkauf des Grundstücks im ganzen gedacht hatten, planten sie später einen Verkauf der ideellen Hälfte. Es kam zu verschiedenen schriftlichen Aufzeichnungen, aber nicht zum Abschluß eines notariellen Kaufvertrages. Die Parteien gerieten in Streit und erstatteten Strafanzeige gegeneinander.

Der Kläger hat Klage erhoben mit dem Antrag, die beklagte Ehefrau zu verurteilen, vor Notar K. in E. einen Kaufvertrag zugunsten des Klägers über die Hälfte des Fabrikanwesens gegen Zahlung des vereinbarten Kaufpreises von 37 500 RM abzuschließen und den beklagten Ehemann zu verurteilen, seine Einwilligung hierzu in dem Notariatsakt zu erklären.

Das Landgericht hat aus Rechtsgründen — § 313 BGB. — die Klage abgewiesen.

In der Berufungsinstanz hat der Kläger neben dem Hauptantrag hilfsweise beantragt, festzustellen, daß die Beklagten als Gesamtschuldner verpflichtet sind, dem Kläger allen Schaden zu ersetzen, den der Kläger durch Nichtabschluß des notariellen Vertrages sowie durch Verweigerung der Besitzeinräumung an dem Grundstück nebst Inventar, Maschinen und Warenvorräten bisher erlitten hat und in Zukunft noch erleiden wird.

Er hat den Hilfsantrag unter Ergänzung und Ausweitung seines Vorbringens in erster Instanz auf die Kaufverhandlungen, auf seine angebliche Einweisung in das Fabrikgrundstück durch die Ortsbehörde E., auf ein im Lauf der Kaufverhandlungen angeblich vereinbartes Miet- und Gesellschaftsverhältnis und auf angebliches arglistiges und sonst schuldhaftes Verhalten der Beklagten gegründet und Ausführungen zur Höhe des ihm angeblich entstandenen Schadens gemacht.

Die Beklagten haben Klagänderung gerügt, ihr ausdrücklich widersprochen, vorsorglich auch zu dem neuen Vorbringen Stellung genommen.

Das Berufungsgericht hat die Berufung zurückgewiesen, und zwar bezüglich des Hauptantrages aus den Gründen des ersten Urteils, bezüglich des Hilfsantrages wegen Klagänderung, die es als nicht sachdienlich abgelehnt hat.

Die Revision des Klägers hatte keinen Erfolg.

Aus den Gründen

Der Hilfsantrag ist in der Berufungsinstanz klagändernd dem Hauptantrag hinzugefügt. Seit Aufhebung der 4. Vereinfachungs-VO. ist eine Klagänderung auch in der Berufungsinstanz wieder gemäß § 523 ZPO. unter den Voraussetzungen des § 264 ZPO. zugelassen.

Nach § 264 ZPO. ist die Klagänderung gegen den Widerspruch der Beklagten zulässig, wenn das Gericht sie für sachdienlich erachtet. Es handelt sich um eine Ermessensentscheidung, die in der Revisionsinstanz nur daraufhin nachzuprüfen ist, ob die Grenzen des Ermessens verletzt sind. Das ist der Fall, wenn der Begriff der Sachdienlichkeit verkannt ist (Baumbach § 264, N. 4 B, Jonas-Pohle § 264 N. II 2, RG. JW. 1935 S. 2635[17], S. 2896[19], auch JW. 1936 S. 928[17], betreffend Zulässigkeit der Widerklage in der Berufungsinstanz.

Der Begriff der Sachdienlichkeit in der Vorschrift des § 264 ZPO. ist ein objektiver (Jonas-Pohle a. a. O., RG. a. a. O.). Zunächst abgesehen von den Besonderheiten, die sich bei einer Klagänderung in der Berufungsinstanz ergeben, ist die Klagänderung grundsätzlich zuzulassen, wenn das dazu beiträgt, den materiellen Streitstoff, der zwischen den Parteien besteht, endgültig auszuräumen und so einem andernfalls zu gewärtigenden neuen Rechtsstreit vorzubeugen (Jonas-Pohle a. a. O., RG. a.a.O. und in JW. 1936 S. 385, 1937 S. 2223, sowie in HRR. 1935 S. 1536, 1937 S. 338). Der Annahme der Sachdienlichkeit steht nicht entgegen, daß die Zulassung der Klagänderung dem Beklagten lästig fällt, eine neue Beweisaufnahme erforderlich macht, den Prozeß verlängert oder höhere Kosten verursacht. Es kommt nicht auf solche, die Interessen einer Partei berührenden Umstände, sondern auf den objektiven Gesichtspunkt der Miterledigung des durch die Klagänderung eingeführten Streitstoffes an. Die Klagänderung wird somit nur in Ausnahmefällen, etwa der Erhebung eines Anspruchs der mit dem zunächst geltend gemachten in keinerlei Beziehung steht, oder einer Nachschiebung von Klaggründen nur zu dem Zwecke, den Beklagten zu schikanieren (Baumbach § 264 N. 4 B), sonst aber nur dann nicht zuzulassen sein, wenn ausnahmsweise anzunehmen ist, daß ohne sie der fragliche Anspruch zu keinem neuen Rechtsstreit führen wird (RG. JW. 1935 S. 2635[17], S. 2896[19] und 1936 S. 928[17]).

Das Reichsgericht hat in den im vorstehenden angeführten Entscheidungen auch für die Klagänderung in der Berufungsinstanz nur auf die Frage der Prozeßwirtschaftlichkeit, also darauf abgestellt, ob die Zulassung der Klagänderung der Erledigung des Streitstoffes und Vermeidung eines neuen Rechtsstreits dienlich ist. Dem kann nicht vorbehaltlos beigetreten werden. Zwar kann die Sachdienlichkeit der Klagänderung nicht deswegen verneint werden, weil der Kläger den neuen Anspruch schuldhaft erst in zweiter Instanz geltend mache. Die Verschuldensfrage ist als subjektiver Gesichtspunkt unerheblich (RG. JW. 1936 S. 928[17] und HRR. 1935 S. 1536). Auch ist es nicht von entscheidender Bedeutung, wenn das Verfahren in der Berufungsinstanz durch die Behandlung des neuen Anspruchs verzögert wird (RG. HRR. 1937 S. 338 und JW. 1937 S. 2223[12]). Wohl dagegen fordert der Umstand Beachtung, daß durch die Zulassung der Klagänderung im zweiten Rechtszuge eine Tatsacheninstanz verloren geht. Dieser Gesichtspunkt kann zwar nicht schlechthin oder auch nur grundsätzlich der Zulassung der Klagänderung entgegenstehen; das würde dem Gesetz widersprechen, das Klagänderungen auch in der Berufungsinstanz unter den Voraussetzungen des § 264 ZPO. gestattet. Auch entscheidet nicht der subjektive Standpunkt des Beklagten, daß ihm der Instanzverlust nicht zumutbar sei. Wo aber durch die Klagänderung ein Streitstoff zur Entscheidung gestellt wird, der es nach Art und Umfang angebracht erscheinen läßt, ihn in zwei Tatsacheninstanzen zu verhandeln, um mit größerer Sicherheit zu einem richtigen Ergebnis zu kommen, da geht dieser Gesichtspunkt dem vom Reichsgericht allein betonten der Prozeßwirtschaftlichkeit vor. So führen auch Jonas-Pohle (§ 264 N. III) aus: In der Berufungsinstanz werde den Beklagten eine Tatsacheninstanz entzogen, daher empfehle sich bei der Zulassung gegen den Willen des Beklagten eine größere Zurückhaltung jedenfalls dann, wenn der Anspruch nunmehr auf einen Tatsachenkomplex gestützt werde, der in erster Instanz noch nicht oder nur unzureichend erörtert sei.

Aufgabe des Berufungsgerichts ist es demnach, abzuwägen, ob nach Lage des Falles der Gesichtspunkt der Prozeßwirtschaftlichkeit oder derjenige der größeren Garantie richtiger Entscheidung durch Gewährung beider Tatsacheninstanzen überwiegt. Jede Ermessensentscheidung des Berufungsgerichts, die auf solcher Abwägung beruht und dabei tatbestandlich den festgestellten Sachverhalt und das Parteivorbringen richtig und vollständig berücksichtigt, ist als innerhalb der Grenzen pflichtmäßigen Ermessens liegend für das Revisionsgericht bindend.

Das angefochtene Urteil läßt im Ergebnis einen Verstoß gegen die bezeichneten Grenzen des Ermessens nicht erkennen. Fehl geht allerdings die Erwägung, der Hilfsantrag sei nur gestellt, um den Verlust des Prozesses zu vermeiden. Das ist bei jedem Hilfsantrag der Fall und rechtfertigt es daher nicht, die Klagänderung als nicht sachdienlich zurückzuweisen. Die dann folgenden Ausführungen des Berufungsurteils wären gleichfalls fehlsam, wenn das Berufungsgericht sich darin nur gegen die Belastung der Berufungsinstanz mit dem noch nicht vom Landgericht geprüften Streitstoff ausspräche. Der ausdrückliche Hinweis des Berufungsurteils auf den Verlust der ersten Instanz zeigt aber, daß das

Berufungsgericht, das andererseits den Gesichtspunkt der Erledigung im gleichen Verfahren hervorhebt, um dieses Instanzverlustes willen zur Verneinung der Sachdienlichkeit gekommen ist. Und diese Stellungnahme des Berufungsgerichts gründet sich auch nicht auf eine Verkennung des Sach- und Streitstandes. Zwar wird der Hilfsanspruch weitgehend aus einem Sachverhalt hergeleitet, der von den Parteien schon in erster Instanz bei der Schilderung der Vertragsverhandlungen vorgetragen wurde. Das Landgericht hatte aber bei der klaren Unbegründetheit des einzigen Begehrens des Klägers in erster Instanz keine Veranlassung, auf Einzelheiten einzugehen und auf eine Klärung des nicht einfachen, stark umstrittenen Sachverhalts hinzuwirken. Ferner war zu beachten, daß der Hilfsanspruch nicht nur auf die in erster Instanz vorgetragenen Kaufverhandlungen und auch nicht nur auf behauptetes Verschulden bei diesen Kaufverhandlungen gestützt wurde, vielmehr, insbesondere, soweit er auf Schadenersatz wegen verweigerter Besitzeinräumung gerichtet ist, auch auf die angebliche behördliche Einweisung des Klägers in den Besitz, einen angeblichen Mietvertrag und Gesellschaftsvertrag. Hinzu kam endlich der neue Vortrag des Klägers zur Frage des ihm erwachsenen Schadens.

Wenn bei diesem Sach- und Streitstand das Berufungsgericht glaubte, daß der Verlust einer Instanz schwerer ins Gewicht falle als die Vermeidung eines neuen Rechtsstreits, so hat es hiermit eine Ermessensentscheidung gefällt, die nicht auf Verkennung der Grenzen seines Ermessens beruht und somit für das Revisionsgericht bindend ist.

---

11. 1. Der Prokurist eines Einzelkaufmanns kann diesen auch im Rechtsstreit über Verpflichtungen aus dem Kaufvertrage vertreten, auf Grund dessen der Kaufmann das Handelsunternehmen erworben hat.

2. Zum Einwand des Wegfalls der Geschäftsgrundlage und seinem Verhältnis zum Vertragshilferecht.

HGB. § 49, BGB. § 242, Vertragshilfeverordnung vom 30. November 1939, Umstellungsgesetz § 21.

Zivilsenat. Urt. v. 15. Juli 1948 i. S. M. & Co. (Kl.) w. M. (Bekl.). ZS 52/48.

I. Landgericht Hannover.
II. Oberlandesgericht Celle.

Der seit 1944 im Osten vermißte Inhaber der Klägerin Kaufmann E. L. war früher in der Waschmittelfabrik L. seines Bruders, des Chemikers W. L., als kaufmännischer Angestellter tätig. Durch schriftlichen Vertrag vom 2. März 1938 kaufte E. L. die Waschmittelfabrik M. & Co. von dem inzwischen verstorbenen Ehemann der BeklagtenW. M. Verkauft wurden die Maschinen und Einrichtungen, Vorräte, die Firma mit Warenzeichen, Kontingenten, Herstellungsverfahren und „Kundschaft", ferner die Außenstände. Vorgesehen wurde, daß der Verkäufer gegen besondere Vergütung zunächst noch, soweit seine Kräfte es erlaubten, mitarbeiten solle, um die Kundschaft (Großverbraucher) überzuleiten und evtl. noch zu erweitern. Der Kaufpreis für das Unternehmen setzte sich zusammen aus einer Barzahlung von 10 000 RM, Übernahme von Darlehnsschulden der Firma gegenüber der Beklagten und einer Verwandten des W. M. in Höhe von zusammen 23 000 RM und Übernahme einer Rentenverpflichtung gegenüber W. M. in Höhe von 450 RM monatlich, die sich nach seinem Tode in eine Rentenverpflichtung gegenüber der — jetzt 73jährigen — Beklagten in Höhe von 375 RM monatlich für deren Lebenszeit verwandeln sollte. Da E. L. nicht über ausreichende Mittel verfügte, übernahmen sein Bruder W. und seine Mutter die selbstschuldnerische Bürgschaft für alle seine Verpflichtungen aus dem Vertrage und bestellten auch noch dingliche Sicherung an ihrem Grundbesitz durch Verpfändung einer Grundschuld von 60 000 RM, sowie E. L. an seinem Grundbesitz für die Darlehnsschulden durch Eintragung von Hypotheken von 14 000 RM und 9000 RM. Bezüglich der Rückzahlung dieser Darlehn heißt es im Vertrage:

> „Spätestens ab 1. Juli 1941 ist das Darlehn der beiden Damen M. zu amortisieren, und zwar in Monatsraten von mindestens ½ v. H. des zusammengerechneten Umsatzes der Firmen M. & Co. und L. laut jeweiliger Umsatzsteuervoranmeldungen. Sollten beide Firmen ihren Geschäftsbetrieb einstellen, so ist der verbleibende Restbetrag innerhalb von drei Jahren in vierteljährlichen gleich hohen Raten zurückzuzahlen . . . Die Darlehn sind in voller Höhe fällig, wenn die Zwangsversteigerung oder Zwangsverwaltung des Grundstückes, das für diese Schuld verhaftet ist, eingeleitet wird, oder wenn der Schuldner in Konkurs gerät oder die Zahlungen einstellt."

Am Schluß des Vertrages heißt es weiter:

> „Die im Vertrage genannten Verpflichtungen . . . . sind wertbeständig, Goldmark, die Rente von 450 RM bezw. 375 RM deshalb, weil sie zum Lebensunterhalt der Eheleute M. dienen soll."

Die Brüder L. bestellten sich gegenseitig zu Prokuristen in ihren Firmen. Im gegenwärtigen Rechtsstreit wird der Inhaber der Klägerin durch seinen Bruder W. L. als Prokuristen vertreten. Die Brüder verlegten den Fabrikationsbetrieb der Firma M. & Co. aus den bisher gemieteten Räumen auf das Grundstück der Firma L. Die Firma M. & Co. erzielte zunächst guten Gewinn, ging dann im Kriege zurück und schließlich wurden beide Betriebe ausgebombt. E. L. war schon zu Beginn des Krieges, W. L. seit 1944 eingezogen. Von E. L. fehlt seit 1944 jede Nachricht.

Die Klägerin und die Bürgen halten sich von der Rentenverpflichtung für befreit, jedenfalls solange die wirtschaftliche Lage der Firma sich nicht entscheidend gebessert habe, wofür keine Aussicht bestehe.

Das Landgericht hat dem Begehren der Klägerin entsprechend festgestellt, daß die Klägerin der Beklagten zur Zeit keine Rentenzahlungen schulde.

Auf die Berufung der Beklagten wurde die Klage abgewiesen. Das Berufungsgericht führt aus, es handele sich um ein Güterumsatzgeschäft, bei welchem der Käufer nach § 446 BGB. die volle Gefahr zu tragen habe. Eine Anknüpfung der Rentenverpflichtung an den Fortbestand des Betriebes sei nicht erfolgt, das Gegenteil sei aus der Sicherung der Rentenverpflichtung zu schließen.

Die Revision führte zur Aufhebung des Berufungsurteils.

Gründe

I. Die Möglichkeit, daß der Erwerber der Firma M. & Co., E. L., bei Eintritt der Rechtshängigkeit nicht mehr gelebt haben könnte, steht der Wirksamkeit der Klageerhebung und des Verfahrens nicht entgegen. Prozeßpartei ist die Person oder sind die Personen, die zur Zeit der Rechtshängigkeit Inhaber der Firma sind (Staub-Bondi § 17 HGB. Anm. 32, Baumbach § 17 HGB. Anm. 3 B, Rosenberg, Lehrbuch des Zivilprozeßrechts § 14 II 3, Schoenke, Zivilprozeßrecht § 23 V, Jonas-Pohle § 502 ZPO. Anm. III 2). Vorausgesetzt ist dabei allerdings, daß die Klage ihrem Gegenstand nach in den Bereich des Handelsgewerbes fällt. (Staub-Bondi § 17 N. 24 II, Baumbach § 17 N. 3 A, Rosenberg, Jonas-Pohle, Schoenke a. a. O.). Dann besteht ferner auch die Vertretungsmacht des Prokuristen und überdauert den etwaigen Tod des früheren Inhabers, wirkt also für und gegen den oder die gegenwärtigen Firmeninhaber (§§ 49, 52 Abs. 3 HGB.).

Der Erwerb eines Handelsunternehmens ist ein Handelsgeschäft im Sinne des § 343 HGB., auch wenn der Erwerber bislang noch nicht Kaufmann war, sondern es erst durch diesen Vorgang wird. Zwar bietet dieses Rechtsgeschäft nicht in allem das übliche Erscheinungsbild eines im laufenden Betrieb eines Handelsunternehmens abgeschlossenen Geschäfts, da es den Erwerber erst von außerhalb des Handelsgewerbes in dasselbe hineinführt. Es ist aber rechtlich gleichwohl bereits dem Bereich des Handelsgewerbes einzuordnen. Der neue Firmeninhaber tritt durch den Erwerb des Unternehmens, und zwar auch mit Wirkung für diesen Erwerbsakt selbst, unter die Herrschaft des für Handelsgeschäfte geltenden Sonderrechts (§§ 346 ff.. auch 25 HGB.). Schon dieser Vorgang ist demnach rechtlich als ein „zum Betriebe des Handelsgewerbes — des Erwerbers — gehörendes Geschäft" (§ 343 HGB.) zu beurteilen. Verbindlichkeiten aus dem Erwerbsakt gehen als „im Betriebe des Geschäfts — des neuen Inhabers — begründet" gemäß § 25 HGB. auf einen etwaigen zweiten Erwerber über (Staub-Bondi § 25 N. 11 c, Schlegelberger § 25 N. 11, Düringer-Hachenburg § 25 N. 21, Baumbach § 25 N. 4 B, Ritter § 25 N. 25—27, RG. JW. 1912 S. 1107[10], RGZ. Bd. 154 S. 335). Folgeweise sind alle gerichtlichen und außergerichtlichen Rechtshandlungen, die diese Verbindlichkeiten betreffen, auch als solche anzusehen, die der Betrieb des — erst recht aber „eines" — Handelsgewerbes mit sich bringt, so daß sie in den Rahmen der Vertretungsmacht des Prokuristen fallen, — § 49 HGB. —. Die Klage ist daher als solche des oder der wirklichen Firmeninhaber auf Grund einer durch den Prokuristen erteilten Prozeßvollmacht wirksam erhoben. Die Aufführung des E. L. als Firmeninhabers im Klagrubrum ändert daran nichts. Sie ist unter Hervorhebung dessen, daß er vermißt, möglicherweise also nicht mehr am Leben ist, erfolgt und daher nur als unnötiger, aber auch unschädlicher Hinweis auf den v e r m u t l i c h e n Firmeninhaber aufzufassen (vgl. auch RG. HRR. 1932 S. 1237).

II. Die Klage war nicht deswegen unzulässig, weil die Klägerin ihr Begehren im Vertragshilfeverfahren nach der VHVO. vom 30. Nov. 1939 hätte geltend machen müssen.

Es braucht hier nicht allgemein auf die Frage des Verhältnisses materiell-rechtlicher, auf Veränderung der Geschäftsgrundlage gestützter Rechtsbehelfe im ordentlichen Rechtsstreit zum Vertragshilfeverfahren eingegangen zu werden (vgl. OLG. Frankfurt SJZ. 1947 Sp. 189, OLG. Stuttgart SJZ. 1947 Sp. 345 — beide zum VHGes. der US.-Zone —, Kegel, Die Abwicklung von Vorkriegsverträgen, 3. Beiheft zur DRZ. 1948 S. 4). Zum mindesten dann steht nämlich das Vertragshilfeverfahren solchen Rechtsbehelfen und ihrer Geltendmachung im ordentlichen Rechtsstreit nicht entgegen, wenn das Begehren des Schuldners nach Art und Begründung über den Rahmen des Vertragshilfeverfahrens hinausgeht. Das ist hier der Fall. Die Klägerin begehrt, jedenfalls für einen gewissen Zeitraum, Freistellung von der Rentenverpflichtung, und sie begründet ihr Begehren nicht nur mit der allgemeinen Verschlechterung ihrer Lage, sondern damit, daß diese Verschlechterung gerade dem streitigen Schuldverhältnis die Geschäftsgrundlage entzogen habe. Demgegenüber gewährt die VHVO. bei einseitig voll erfülltem Vertrage dem Schuldner nur den Antrag auf Stundung, Bewilligung von Teilzahlungen (§ 2) und Aufhebung von Verzugsfolgen (§ 9), und auch das bei Grundpfand-gesicherten Forderungen nur beschränkt (§§ 2 Abs. 3, 7 f, 9 Abs. 5), stellt dabei ohne Berücksichtigung der Besonderheiten des Schuldverhältnisses lediglich auf die Verschlechterung der Lage des Schuldners infolge des Krieges ab (§ 1) und erklärt schließlich den Richter der freiwilligen Gerichtsbarkeit nur insoweit für zuständig, als der Schuldner den Anspruch anerkennt (§ 12 Abs. 2 im Gegensatz zu § 24 Abs. 2, vgl. Vogels, Vertragshilfe und Kriegsausgleichsverfahren 1940, § 24 N. 12).

Die Klage ist auch nicht durch § 21 des Umstellungsgesetzes unzulässig geworden. Zwar läßt diese Vorschrift auch eine Herabsetzung von

Verpflichtungen unter den Nennbetrag in Deutscher Mark im Vertragshilfeverfahren zu und fordert dabei allgemein eine „gerechte Abwägung der Interessen und der Lage beider Teile". Aber zunächst bleibt auch dieser neue Behelf hinter dem Begehren der Klägerin auf völlige Freistellung von der Rentenpflicht, jedenfalls für einen gewissen Zeitraum, zurück und erscheint es zum mindesten zweifelhaft, ob er nur die gegenwärtige Lage der Parteien oder auch, im Sinne der Geschäftsgrundlagenlehre, ihre Vorstellungen beim Vertragsschluß berücksichtigt wissen will. Vor allem aber fehlt jeder Anhalt dafür, daß § 21 des Umstellungsgesetzes die Fortsetzung eines ordentlichen Rechtsstreits über einen schon vor der Währungsreform und ohne Rücksicht auf deren Folgen verteidigungsweise oder durch Feststellungsklage geltend gemachten, auf Wegfall der Geschäftsgrundlage gestützten Rechtsbehelf unterbinden wolle. Ausführungsvorschriften zu § 21 des Umstellungsgesetzes sind nicht erlassen, auszugehen ist daher einstweilen für die Britische Zone von der VHVO. vom 30. November 1939. Diese beschränkt aber nicht nur, wie schon dargelegt, den Richter der freiwilligen Gerichtsbarkeit auf Vertragshilfe bei a n e r k a n n t e n Verpflichtungen, sondern läßt darüber hinaus im § 24 II deutlich das Bestreben erkennen, diejenigen Vertragshilfemaßnahmen, die bei einseitig voll erfüllten Verträgen allein in Frage kommen, ausschließlich der Entscheidung des mit der Sache befaßten Prozeßgerichts zu überlassen (vgl. Vogels a.a.O. § 24 N. 1, Baumbach Vertragshilfe-VO. und Kriegsausgleichs-VO. 1940, § 24 N. 3 B), wenn auch mit einigen Verfahrensbesonderheiten, die ersichtlich auf eine negative Feststellungsklage nicht anwendbar sind. Es kann daher auch dahingestellt bleiben, ob § 21 des erst nach Beendigung der Berufungsinstanz erlassenen Umstellungsgesetzes entgegen dem vom Reichsgericht aufgestellten, durch zahlreiche Ausnahmen abgeschwächten Grundsatz der Anwendbarkeit nur des zur Zeit des Erlasses des Berufungsurteils geltenden Rechts durch das Revisionsgericht (Jonas-Pohle § 549 Anm. III und die dort zitierten Entscheidungen) bei der Entscheidung des Revisionsgerichts zu berücksichtigen ist. Auch wenn das zutrifft, entzieht er der Klage, wie dargelegt, nicht den Boden.

III. Die Klägerin hat ein eigenes Interesse an alsbaldiger Feststellung, ob und inwieweit sie zur Zahlung der von der Beklagten in vollem Umfang beanspruchten Rente verpflichtet ist (§ 256 ZPO.). Ob der Bürge W. L. von diesem Rechtsstreit gleichzeitig eine Klärung der Frage erhofft, wie es mit seiner Bürgenhaftung steht, ist demgegenüber unerheblich. Übrigens wirkt die Befreiung des Hauptschuldners aus dem Gesichtspunkt des Wegfalls der Geschäftsgrundlage nicht ohne weiteres auch zu Gunsten des Bürgen (RGZ. Bd. 163 S. 91/96), wie es andererseits nicht ausgeschlossen ist, daß der Bürge aus ihn persönlich betreffenden Veränderungen einen Einwand gegen seine eigene Inanspruchnahme herleiten kann (RGZ. Bd. 146 S. 376/79). Demgemäß ist auch die Frage der

Zahlungspflicht der Klägerin zwar unter Beachtung der Tatsache der Bürgschaftssicherung bei Ermittlung der Vorstellungen der Vertragsparteien aber ohne Rücksicht auf die gegenwärtige Leistungsfähigkeit des Bürgen und insbesondere der Firma L. zu beantworten. Eine so enge Verbindung zwischen den Firmen M. u. Co. und L., daß beide für die hier zu entscheidende Frage als eine Einheit zu betrachten seien, ist weder aus dem Vertrage vom 2. März 1938, insbesondere aus der auf die Rentenverpflichtung nicht übertragbaren Regelung der Amortisation der Darlehn, noch aus der tatsächlichen Führung beider Unternehmungen, jedenfalls bei Zugrundelegung des vom Landgericht eingeholten Gutachtens, zu schließen.

IV. Der Feststellungsantrag der Klage enthält keine zeitliche Begrenzung. Der Zeitraum, für den die Feststellung beantragt wird, beginnt daher mit dem Eintritt der Rechtshängigkeit und ist im übrigen ein unbestimmter, also auch in die Zukunft hineinreichender. Der mehrfach von der Klägerin gebrauchte und in das Urteil des LG. übernommene Ausdruck, daß sie „zur Zeit" nicht zur Zahlung verpflichtet sei, ist nicht dahin zu verstehen, daß die Verpflichtung nur für die Gegenwart verneint — oder gar nur als noch nicht fällig bezeichnet — werden soll. Vielmehr soll die Feststellung auch für die Zukunft gelten, wobei es lediglich der Beklagten freistehen soll, eine etwaige entscheidende Verbesserung der Lage der Klägerin gemäß §§ 242 BGB., 323 ZPO. i. S. eines Wiederauflebens der Rentenverpflichtung geltend zu machen. Der § 323 ZPO. ist zwar auf Feststellungsklagen nicht anwendbar (RGZ. Bd. 74 S. 124). Es ist aber anerkannt, daß gegenüber einer zu einer Rentenverpflichtung getroffenen Feststellung neue Ansprüche geltend gemacht werden können, wenn die Voraussetzungen des § 323 gegenüber einem Leistungsurteil gegeben wären (RGZ. Bd. 150 S. 246/253), Jonas-Pohle § 256 IV 2 b, § 323 N. I, § 322 N. VIII 4). Dabei ist es auch gleichgültig, ob es sich um eine Rentenpflicht i. S. des fortdauernden Neuentstehens der Ratenverpflichtungen handelt oder um eine Leibrente i. S. der Entstehung eines Stammrechts, aus dem dann die Einzelansprüche sich herleiten. Zwar führen Jonas-Pohle (§ 323 Anm. II 5) aus, daß § 323 ZPO. auf alle vertragsmäßig oder gesetzlich absolut bestimmten Leistungen, insbesondere Leibrenten, nicht anwendbar sei. Sie schränken das aber selbst dahin ein (Fußn. 43), daß es selbstverständlich anders sei, wenn sich aus dem Vertrage, so wie er nach Treu und Glauben auszulegen sei, etwas anderes ergebe. Diese Eisnchränkung ist dahin zu erweitern, daß § 323 ZPO. auf Rentenverpflichtungen anwendbar ist, sofern sie überhaupt einer Abänderung zugänglich sind, gleich, ob diese Abänderung auf § 157 BGB. (Auslegung) oder auf § 242 BGB. (Veränderung der Geschäftsgrundlage) beruht.

V. Nach § 242 BGB. steht jedes Schuldverhältnis unter dem Richtmaß von Treu und Glauben. Rechtslehre und Rechtsprechung haben aus diesem Grundsatz u. a. auch, mit manchen Abweichungen im einzelnen, abgeleitet, daß eine einschneidende Veränderung der Grundlagen, auf denen sich ein Vertragsverhältnis nach der erkennbar zutage getretenen Vorstellung der Parteien oder zum mindesten der einen Partei aufbaut, sich auch auf das Verpflichtungsverhältnis insoweit auswirkt, als das im Einzelfall nach Treu und Glauben unumgänglich erforderlich erscheint. Dabei steht der Gedanke der Anpassung des Schuldverhältnisses an die neue Lage mit dem Grundsatz der Vertragstreue in einem Widerstreit, der seine Lösung wiederum unter dem Gesichtspunkt von Treu und Glauben findet. Das Stehen zum gegebenen Wort wirkt sich aus sittlichen und Rechtssicherheitsgründen dahin aus, daß Eingriffe in das Schuldverhältnis nur im äußersten Falle zulässig erscheinen, hindert aber solche Eingriffe nicht, wo das starre Festhalten am gegebenen Wort zu Ergebnissen führen müßte, die mit der Gerechtigkeit, mit Treu und Glauben, schlechthin unvereinbar wären. Insofern ist es richtig, daß der Grundsatz des § 242 BGB. auch gegenüber zwingenden Vorschriften durchgreift und eine bindende Grenze der Vertragsfreiheit darstellt (RG. JW. 1935, S. 2619 und die Anm. Lehmann's zu dieser Entscheidung). Letztlich entscheidend sind nicht die verschiedenen von der Rechtslehre und Rechtsprechung zum Einwand des Wegfalls der Geschäftsgrundlage geprägten Formeln (Übersicht bei Staudinger-Weber § 242 N. 751—834, neuestens auch Haun: Die Behandlung von Forderungen und Schulden aus der Zeit vor dem 8. Mai 1945, Seite 19 ff., Weber: Der Einfluß des Krieges und der Kriegsfolgen auf die privaten Rechtsverhältnisse, Seite 40 ff., Kegel a.a.O., Beiheft 3 zur DRZ. 1948 S. 2 und 4 ff.), sondern die auch von Lehmann (a.a.O.) und Bruns (MDR. 1948 S. 117) in den Vordergrund gerückte Abwägung der Umstände des Einzelfalls nach Treu und Glauben. Nur, aber auch stets, dann und insoweit, als das aus starrem Festhalten am Vertrage zu folgernde Ergebnis dem Schuldner infolge der veränderten Lage schlechthin unzumutbar ist, greift sein Einwand durch. Dabei wird Treu und Glauben nur dann ein Abgehen vom gegebenen Wort, eine Abänderung zu Gunsten des Schuldners rechtfertigen, wenn die — erhebliche — Veränderung der Lage auf Ereignissen beruht, die außerhalb des Machtbereichs des Schuldners liegen (Kegel a.a.O. S. 5). Unerheblich ist, ob das Vertragsverhältnis ein gegenseitiges oder ein einseitiges und ob das gegenseitige Vertragsverhältnis beiderseits noch nicht erfüllt ist oder nur noch der eine Teil schuldet: Solange überhaupt noch geschuldet wird, also beim gegenseitigen Vertrage bis zur beiderseits vollen Erfüllung, steht die Schuld unter dem Grundsatz des § 242 BGB. Auch entscheiden nicht konstruktive Unterschiede, insbesondere ist eine Leibrentenverpflichtung nicht im Gegensatz zu Unterhaltsverpflichtungen dem Einwand des Wegfalls der Geschäftsgrundlage entrückt; denn auch bei der Leibrentenverpflichtung bleibt der Pflichtige in Auswirkung des Vertrages Schuldner. So hat auch das Reichsgericht (RG. JW. 1938 S. 2155) den Einwand des

Wegfalls der Geschäftsgrundlage gegenüber einer Leibrentenschuld nicht grundsätzlich, sondern nur nach Lage des Falles abgelehnt. Gesetzliche Gefahrtragungsregeln, insbesondere § 446 BGB., oder vertragliche Gefahrübernahme sind zwar gewichtige Gegengründe gegen eine abändernde Verteilung des Risikos, stehen aber gleichwohl einer Abänderung im Rahmen des § 242 BGB., also bei Vorliegen aller sonstigen Voraussetzungen des Einwandes des Wegfalls der Geschäftsgrundlage, nicht entgegen in bezug auf solche Gefahrenmomente, die ganz außerhalb des Vorstellungskreises auch sorgsam handelnder Parteien gelegen haben. Der Einwand des Wegfalls der Geschäftsgrundlage führt nicht stets zur gleichen Folge, etwa einem Rücktrittsrecht, sondern jeweils zu den Eingriffen, die unumgänglich notwendig erscheinen, um ein mit Treu und Glauben zu vereinbarendes Ergebnis zu erzielen (Staudinger-Weber, Haun, Weber, Kegel, Bruns a.a.O. und die dort zitierten Entscheidungen). Danach kommt u. a. auch volle Befreiung des Schuldners von der noch ausstehenden Schuld, deren Herabsetzung oder bloße Hinausschiebung der Fälligkeit in Frage und hier berührt sich die Vertragshilfe auf das nächste mit den aus dem Wegfall der Geschäftsgrundlage zu ziehenden Folgerungen.

VI. Bei Anwendung der vorstehend angeführten Grundsätze rechtfertigt der vom Berufungsgericht bisher festgestellte Sachverhalt nicht die Abweisung der Klage.

Der Vertrag vom 2. März 1938 begründet kein gesellschaftsähnliches Verhältnis unter den Vertragsparteien. Die im § 5 des Vertrages vorgesehene Mitarbeit des Verkäufers diente nicht seiner weiteren Beteiligung am Geschäft, sondern dessen ordnungsmäßiger Überleitung auf den Käufer. Die Staffelung der Amortisation der Darlehn von 23 000 RM nach dem zusammengerechneten Betriebsumsatz der beiden Firmen der Brüder L. weist zwar auf eine gewisse Verknüpfung der Interessen hin, aber doch nur in geringem Ausmaß, zumal der gleiche Passus des Vertrages zeigt, daß auch mit Einstellung des Betriebes und Vermögensverfall des Käufers gerechnet wurde und die Verpflichtung dann gleichwohl, und zwar beschleunigt, erfüllt werden sollte. Die Hauptverpflichtung, die Rente, ist von vorneherein in festen Beträgen angesetzt. Der Verkäufer nahm also nicht an dem wechselnden Schicksal der Firma teil, weder im guten noch im schlechten Sinne, und sein Wille, von dem weiteren Schicksal des Betriebes nicht berührt zu werden, tritt noch verstärkt in Erscheinung durch die Sicherungen, die er sich hat geben lassen. Allgemein bekundet sich sein Bestreben, einen festen, keinen Schwankungen unterworfenen Gegenwert in die Hand zu bekommen, auch darin, daß er die Goldmark-Klausel in den Vertrag bringt und dabei besonders darauf hinweist, daß die Rente zu seinem bzw. der Beklagten Lebensunterhalt bestimmt ist.

Andererseits kann auch nicht verkannt werden, daß gleichwohl der Fortbestand des Betriebes eine nicht unerhebliche Rolle spielte. Der Käufer konnte, ohne wesentliche Mittel, wie er nach dem bisher festgestellten Sachverhalt war, das Risiko der Erfüllung seiner Verpflichtungen, insbesondere der Rentenverpflichtung, nur übernehmen in der Aussicht, den Betrieb als dauernde Erwerbsquelle nutzen zu können. Das war auch dem Verkäufer erkennbar. Wenn er sich durch Sicherungen vom Schicksal des Betriebes unabhängig zu machen suchte, so bedeutete das zunächst nur, daß er sich von der Auswirkung solcher Rückschläge freihalten wollte, die auf übliche Risiken des Geschäftslebens oder gar auf ein Versagen des Käufers zurückzuführen waren. Dagegen hat offenbar keine der beiden Parteien damit gerechnet, daß durch ein Zusammentreffen einer Reihe völlig außergewöhnlicher und außerhalb des Einflußbereichs des Schuldners liegender Umstände der Betrieb, gleichsam durch höhere Gewalt, erdrückt werden würde, nämlich durch kriegswirtschaftliche Einschränkungen, Ausbombung, Vermißtsein des Betriebsinhabers und die Folgen des verlorenen Krieges in ihrem Zusammenwirken. Eine Berücksichtigung dieser über den Betrieb hereingebrochenen Katastrophe kann man nicht damit ablehnen, daß der Käufer nach § 446 BGB. die Gefahr trage. Diese Vorschrift bezieht sich sowieso in ihrem eigentlichen Inhalt nicht auf die Auswirkungen allgemeiner wirtschaftlicher Katastrophen, zum mindesten muß aber auch sie, wie bereits dargelegt, unter der beschränkenden Regel von Treu und Glauben angewandt werden. Auch die Tatsache der dinglichen Sicherung der Rentenpflicht fällt nicht so stark ins Gewicht, daß daran eine Entlastung des Schuldners nach § 242 BGB. scheitern müßte. Es mag dahingestellt bleiben, ob es bei einem Summenkaufpreis entscheidend nur auf den Bestand der dinglichen Sicherung ankäme. Die hier in Rede stehende Rentenverpflichtung kann jedenfalls nach Treu und Glauben nicht unabhängig von der Frage beurteilt werden, ob der Käufer aus Gründen, die mit dem bei Vertragsschluß vorstellbaren Risiko nichts mehr gemein haben, nicht mehr in der Lage ist, aus dem verkauften Objekt Nutzungen zu ziehen. Wo ihm das infolge höherer Gewalt unmöglich ist, da muß diesem Umstand im Rahmen des § 242 BGB. auch eine Auswirkung auf seine Verpflichtung zuerkannt werden.

Einerseits ist demnach auf die Katastrophe Rücksicht zu nehmen, die den Käufer getroffen hat. Andererseits ist aber auch zu beachten, daß der Verkäufer, für sich selbst und für die Beklagte, in deutlichster Weise hat erkennen lassen, wie sehr ihm, unter Verzicht auf Beteiligung an einem etwaigen außergewöhnlichen wirtschaftlichen Aufstieg der Firma, an der Sicherung der Rente lag. Ausdrücklich wird im Vertrage betont, daß diese Rente dem Lebensunterhalt dienen soll. Das darf nicht unbeachtet bleiben. Es kann zu der Folgerung führen, daß die Klägerin auch trotz schwerster wirtschaftlicher Schädigung jedenfalls in beschränktem Ausmaß noch an ihre Pflicht gebunden bleibt, für den Unterhalt der jetzt 73jährigen Beklagten aufzukommen.

Es gibt keine bindende Regel darüber, ob und inwieweit im Rahmen der zum Wegfall der Geschäftsgrundlage anzustellenden Erwägungen neben den unmittelbar mit dem Vertrag und seinem Gegenstand zusammenhängenden wirtschaftlichen Vorgängen auch die allgemeine wirtschaftliche Lage der Parteien zu berücksichtigen ist. Auch das entscheidet sich vielmehr im Einzelfall nach Treu und Glauben. Der Streit darum, ob und inwieweit die Klägerin frei geworden ist oder vielmehr die Beklagte auf ihrem Unterhaltsrecht bestehen kann, läßt sich jedoch ohne Berücksichtigung der Gesamtlage der Parteien nicht entscheiden. Auf seiten der Klägerin ist dabei von den Verhältnissen des vermißten Inhabers der Klägerin auszugehen, sofern sich nicht etwa im Verlauf der erneuten Verhandlung vor dem Berufungsgericht dessen Ableben herausstellen sollte, in welchem Falle auf die Verhältnisse des oder der Erben abzustellen wäre.

Der bisher festgestellte Sachverhalt gibt keine ausreichende Grundlage für die zu treffende Entscheidung. Das Berufungsgericht wird sowohl zur Lage und den Vorstellungen der Vertragsparteien bei Vertragsschluß als auch zur gegenwärtigen Lage beider Teile, unter Umständen unter Anwendung des richterlichen Fragerechts, weitere Feststellungen zu treffen haben. Zur Lage bei Vertragsschluß ist insbesondere zu überprüfen, ob der Käufer wirklich auf die Einnahmen aus dem Geschäft zur Begleichung der von ihm übernommenen Verpflichtungen angewiesen war oder auch über weiteres nennenswertes Vermögen und Einkünfte aus demselben verfügte. Insbesondere wird zu klären sein, inwieweit er an dem Grundbesitz der Familie L und den etwa hieraus zu ziehenden Einkünften beteiligt war. Aus diesen Feststellungen können Rückschlüsse auf die Verknüpfung der Rentenverpflichtung mit dem Geschäftseinkommen gezogen werden, die nach den vorstehenden Ausführungen neben anderen Umständen wesentlich erscheinen. Zur gegenwärtigen Lage wird gleichfalls die Frage der Beteiligung des Inhabers der Klägerin am Grundbesitz der Familie L., dessen Belastung und etwaige Ausbombung und die Frage beachtlich sein, welche Möglichkeiten die Klägerin hat, Geld aus diesem Grundbesitz zu schöpfen. Auch die sonstigen Vermögensverhältnisse, Belastungen, insbesondere auch Unterhaltsverpflichtungen, des Inhabers der Klägerin sowie andererseits die wirtschaftliche Lage der Beklagten sind von Bedeutung. Auf seiten der Beklagten kann auch beachtlich sein, daß sie durch die Rentenvereinbarung von der Gefahr einer Entwertung des Geldes, wie sie bei Barzahlung eines Summenkaufpreises hätte eintreten können, entlastet wurde, ein Umstand, dessen Bedeutung sich durch die Gesetzgebung zur Währungsreform erweist und es vom Billigkeitsstandpunkt aus zu seinem Teile mit rechtfertigen kann, die Beklagte andererseits in mehr oder minder starkem Maße an den

Auswirkungen der Katastrophe teilnehmen zu lassen, die die Klägerin betroffen hat.

Auch im übrigen wird das Berufungsgericht zu berücksichtigen haben, wie sich die Währungsreform auf die Verpflichtungen der Klägerin aus dem Vertrage — Kürzung der Darlehnsschulden? — und die allgemeine Lage der Parteien auswirkt. Die mögliche Gestaltung des künftigen Lastenausgleichs wird dagegen nicht zu berücksichtigen sein. Er soll Härten ausgleichen, deren Behebung sich der privatrechtlichen Regelung entzieht. Diese geht also, wie auch § 21 Umst.Ges. erkennen läßt, vor.

---

12. 1. Soweit eine Partei die Entscheidung des Landgerichts im Berufungsverfahren nicht angefochten hat, ist sie durch das Berufungsurteil nicht beschwert und kann auch im Revisionsverfahren mit ihren Anträgen oder Einwendungen nicht gehört werden.

2. Bei dem Verkauf einer Gastwirtschaft zu einem überhöhten Preise gelten die gleichen Grundsätze, wie sie in der Verordnung vom 7. Juli 1942 (RGBl. I S. 451) für Grundstücke aufgestellt sind, insbesondere auch die Vorschrift des § 4 über die Beurkundung eines unrichtigen Preises.

3. Ist eine nach Bereicherungsgrundsätzen zurückzugebende Sache (z. B. Inventar einer Gastwirtschaft) mit dem Recht eines Dritten belastet, so müssen die zur Ablösung dieses Rechts erforderlichen Beträge bei dem Ausgleich der Bereicherung berücksichtigt werden.

4. Grundsätze für die Währungsumstellung bei Bereicherungsansprüchen.

ZPO. § 561; BGB. §§ 134, 273, 812 ff.; Verordnung vom 7. Juli 1942 (RGBl. I S. 451); Umstellungsgesetz §§ 16, 18.

Zivilsenat. Urteil vom 21. Juli 1948 i. S. Ehel. T. (Bekl.) w. W. (Kl.). ZS 19/48.

I. Landgericht Hamburg.
II. Oberlandesgericht Hamburg.

Tatbestand

I. Der Kläger war Inhaber einer Gaststätte mit anschließenden Wohnräumen. Hierüber schloß er mit der beklagten Ehefrau unter Genehmigung des Ehemannes am 25. Oktober 1945 einen schriftlichen Kaufvertrag zum Preise von 10 000 RM und traf gleichzeitig eine ergänzende mündliche Abrede über die Zahlung weiterer 10 000 RM. Gegenstand des Kaufvertrages war nach dem Tatbestand des Berufungsurteils die bezeichnete Gastwirtschaft „nebst allem Zubehör". Der Gesamtpreis von 20 000 RM ist fristgemäß bezahlt worden.

Am 6. Dezember 1945 schloß der Kläger mit der Beklagten zu 1) unter Zustimmung ihres Ehemannes einen Darlehnsvertrag. Danach erhielt die Beklagte zu 1) von dem Kläger ein Darlehn von 10 000 RM, das mit 5 v. H. zu verzinsen und ohne Kündigung am 31. Dezember 1946 fällig war. Die Beklagte zu 1) verpflichtete sich weiter in diesem Vertrag, für den Fall nicht pünktlicher Rückzahlung des Darlehns die Gastwirtschaft an den Kläger zurückzuübertragen. Die Beklagte zu 1) zahlte trotz Fälligkeit der Forderung und mehrfacher Mahnung das Darlehn nicht zurück, weigerte sich aber andererseits, die Gastwirtschaft zurückzuübertragen.

Die Beklagten haben geltend gemacht, der Kaufvertrag vom 25. Okt. 1945 sei wegen Verstoßes gegen die Preisvorschriften, der Darlehnsvertrag wegen Wuchers nichtig.

Nach Einholung einer Auskunft von der Preisbildungs- und Überwachungsstelle in H. hat das Landgericht die Beklagte zu 1) verurteilt, die Gastwirtschaft nebst sämtlichem Inventar an den Kläger herauszugeben, Zug und Zug gegen Zahlung von 13 000 RM.

II. In der Berufung haben die Beklagten geltend gemacht, die Beklagte zu 1) habe inzwischen einen Betrag von 14 250 RM für die Instandsetzung der Gastwirtschaft aufgewendet. Dadurch sei die Gastwirtschaft mindestens um 10 000 RM im Wert gestiegen. Deshalb stehe die Verpflichtung der Beklagten zu 1) zur Rückgabe der Gastwirtschaft in einem auffälligen Mißverhältnis zur Leistung des Klägers. Falls das Gericht aber zu einem anderen Ergebnis gelange, so stehe den Beklagten auf jeden Fall ein Zurückbehaltungsrecht in Höhe des gezahlten Überpreises zu.

Der Kläger hat sich nunmehr selbst auf den Standpunkt gestellt, daß der Kaufvertrag wegen Preisverstoßes nichtig sei; er hat sich damit einverstanden erklärt, daß der Beklagten zu 1) der gezahlte Kaufpreis von 20 000 RM abzüglich des Darlehnsbetrages von 10 000 RM zustehe sowie ferner ein Betrag von „mindestens" 5000 RM für die Aufwendungen, die sie zur Instandsetzung gemacht habe, die aber nur zu einer Werterhöhung von „höchstens" 5000 RM geführt hätten.

Die Beklagte zu 1) hat in der Berufungsinstanz der H-brauerei den Streit verkündet. Diese ist dem Rechtsstreit als Nebenintervenientin beigetreten Sie hat jedoch keine Anträge gestellt, weil sie sich mit dem Kläger darüber geeinigt hat, daß er in den Vertrag mit den Beklagten eintritt. Mit der Begrundung, daß er dabei auch die Darlehnsschuld der Beklagten gegenuber der Brauerei in Höhe von 2 316,99 RM übernommen habe, hat der Kläger auch den Abzug dieses Betrages von seiner Gegenleistung verlangt, ohne aber selbst ein Rechtsmittel gegen das Urteil des Landgerichts einzulegen. Die Beklagten haben gefordert, daß ihnen im Falle der Verurteilung für die von ihnen durchgeführten Instandsetzungen mindestens 10 000 RM gutgebracht würden. Sie bestreiten dem Kläger das Recht, den Abzug der Schuld gegenüber der Brauerei zu fordern, da sie mit der Übernahme der Darlehnsschuld nicht einverstanden seien.

Das Berufungsgericht hat in Abänderung des landgerichtlichen Urteils die Beklagte zu 1) verurteilt, an den Kläger die Gastwirtschaft nebst dem sämtlichen übernommenen Inventar und der Wohnung herauszugeben, Zug um Zug gegen Zahlung von 15 000 RM.

Gegen dies Urteil haben die Beklagten Revision eingelegt.

Der Kläger hat Anschlußrevision eingelegt mit dem Antrage, die Beklagte zu 1) zu verurteilen, an den Kläger die Gastwirtschaft nebst dem sämtlichen übernommenen Inventar und der Wohnung herauszugeben Zug um Zug gegen Zahlung von 12 683,01 RM, hilfsweise die Beklagte zu 1) zu verurteilen, an die H-brauerei ihre Darlehnsschuld in Höhe von 2 316,99 RM zu tilgen — oder hilfsweise dem Kläger lastenfreies Eigentum an dem herauszugebenden Inventar zu verschaffen, — beides Zug um Zug gegen Zahlung von weiteren 2 316,99 RM durch den Kläger.

Er hat in der mündlichen Verhandlung diese Anträge mit der Maßgabe gestellt, anstelle auf RM auf DM im Verhältnis von 10:1 zu erkennen und auch mit dieser Maßgabe die Revision zurückzuweisen.

Entscheidungsgründe

Beide Revisionen sind in richtiger Form und Frist eingelegt; die Anschlußrevision ist zu einem Teilbetrage unzulässig, im übrigen sind beide Revisionen begründet; sie führen zur Aufhebung des angefochtenen Urteils und zur Zurückverweisung an einen anderen Senat des Berufungsgerichts.

I. Das Landgericht hat die dem Kläger obliegende Gegenleistung auf 13 000 RM festgesetzt, das Berufungsgericht hat sie auf die Berufung der Beklagten auf 15 000 RM erhöht. Der Kläger hatte weder eine Berufung noch eine Anschlußberufung eingelegt. Er will mit der Anschlußrevision eine Herabsetzung der Gegenleistung auf 12 683,01 RM erreichen, also auf 316,99 RM weniger als er nach dem Urteil des Landgerichts zu zahlen gehabt hätte. Die Begründung der Anschlußrevision ergibt, daß er den Gesamtbetrag der mit ihr angestrebten Ermäßigung dazu verwenden will, um die Ansprüche der H-brauerei gegen die Beklagten zu befriedigen und damit die Rechte der Brauerei an dem Inventar abzulösen. Im Ergebnis wäre diese Befriedigung zugunsten der Beklagten erfolgt, diese stünden wirtschaftlich ebenso wie nach dem Urteil des Berufungsgerichts. Gleichwohl kann die Anschlußrevision insoweit nicht zugelassen werden, als sie die im Berufungsverfahren eingetretene Verschlechterung der Lage des Klägers übersteigt. Insoweit als der Kläger die Entscheidung des Landgerichts nicht angegriffen und als das Berufungsgericht diese Entscheidung nicht zum Nachteil des Klägers geändert hatte, ist er durch das Berufungsurteil nicht beschwert und kann in der Revisionsinstanz mit seinen Anträgen und Einwendungen nicht gehört werden. Ebensowenig wie ein Kläger in der Revisionsinstanz völlig neue Ansprüche geltend machen kann, die überhaupt noch nicht Gegenstand des Rechtsstreits waren, kann er solche Ansprüche erheben, die wohl in der ersten Instanz erhoben, nach Abweisung durch den ersten Richter aber nicht mehr Gegenstand der Verhandlung in der Berufungsinstanz gewesen sind. Der Schluß der Berufungsverhandlung bildet die Urteilsgrundlage für das Revisionsgericht nicht nur bezüglich des tatsächlichen Vorbringens (Jonas-Pohle Anm. II, 1 zu § 561), sondern auch bezüglich der Anträge. Diese können wohl eingeschränkt, aber nicht mehr erweitert werden. Deshalb mußte wegen des vergleichsweise geringfügigen Mehrbetrages die Revision als unzulässig verworfen werden.

II. Der Revision der Beklagten ist zuzugeben, daß die Urteilsgründe nicht erkennen lassen, auf welche Weise sich das Berufungsgericht die Überzeugung davon verschafft hat, welche Gründe den Kläger zum Abschluß des Kaufvertrages und des Darlehnsvertrages veranlaßt haben.

Auf diese Mängel des Urteils, die zu seiner Aufhebung führen müßten, kommt es aber im Endergebnis nicht entscheidend an, weil die Aufhebung schon aus anderen Gründen erforderlich ist.

III. Wenn das Berufungsgericht zu der Ansicht kam, daß der Kaufvertrag über die Gastwirtschaft nichtig sei, so waren folgerichtig zunächst die rechtlichen Schlußfolgerungen aus dieser Feststellung zu ziehen. Die Nichtigkeit des Vertrages hätte die Wirkung, daß beide Parteien sich nach Bereicherungsgrundsätzen die empfangenen Leistungen zurückgewähren müßten. Die Beklagte zu 1) wäre dann a u s d i e s e m G r u n de zur Herausgabe der Gastwirtschaft verpflichtet und der Kläger zur Rückzahlung des ganzen Kaufpreises von 20 000 RM. Die Darlehnssumme hätte dann nur noch die Bedeutung eines Rechnungspostens für den Ausgleich der Bereicherung; auf die Frage des Wuchers käme es gar nicht an. Es könnte dahingestellt bleiben, ob die Beklagte zu 1) mit der Rückzahlung des Darlehns überhaupt in Verzug kommen konnte oder in Verzug gekommen ist. Wenn der Kläger die Herausgabe der Gastwirtschaft schon wegen der Nichtigkeit des Kaufvertrages verlangen kann, so bedarf es des weiteren Rechtsgrundes des Darlehnsvertrages nicht mehr, er kann auch nicht etwa aus diesem zweiten Rechtsgrunde einen Wertersatz fordern, wie das Berufungsgericht bei seinem von der anderen Seite beginnenden Gedankengang annimmt.

Die Entscheidung des Rechtsstreits hängt mithin davon ab, ob der Kaufvertrag nichtig ist oder ob und zu welchen Bedingungen er als rechtswirksam aufrecht zu erhalten ist.

IV. Nach § 134 BGB. ist ein gegen ein gesetzliches Verbot verstoßendes Geschäft nichtig, „wenn sich nicht aus dem Gesetz ein anderes ergibt". Im Anschluß an die im ersten Weltkriege zur Frage der Höchstpreise aufgestellten Grundsätze hat das Reichsgericht in ständiger Rechtsprechung für die sogenannten Geschäfte des täglichen Lebens die Nichtigkeit auf den Teil des Kaufpreises beschränkt, der den zulässigen Preis übersteigt. Praktisch wird also der vereinbarte überhöhte Kaufpreis durch den zulässigen Preis ersetzt, im übrigen aber der Vertrag aufrecht erhalten. Diese Regel ist auch in der für die Zeit des letzten Krieges grundlegenden Entscheidung RGZ. Bd. 166, S. 89 ff. aufrecht erhalten worden, sie hat allgemeine Billigung gefunden und ist nicht von nationalsozialistischen Gedanken beeinflußt. Deshalb bestehen keine Bedenken, sie auch heute anzuwenden. Der Eigentümer eines Handelsgutes hat die volkswirtschaftliche Aufgabe, dieses Gut zu gegebener Zeit zu veräußern, er hat es auch mit dieser Absicht angeschafft; fraglich bleibt nur der Preis für die von Anfang an und unter allen Umständen beabsichtigte Veräußerung. In diesen Fällen entspricht es dem volkswirtschaftlichen Zweck der Preisregelung, wenn der Veräußerer an dem Verkauf festgehalten wird, und zwar mit dem dafür nach den jeweiligen Vorschriften zulässigen Preis.

Auf Geschäfte, die aus dem Rahmen des täglichen Handelsverkehrs herausfallen, können aber diese Regeln keine Anwendung finden. Wenn der Veräußerer den Gegenstand des Veräußerungsgeschäfts nicht zum Zwecke der Veräußerung erworben hat, sondern entweder als Vermögensanlage oder zur eigenen mindestens langfristigen Nutzung für gewerbliche oder private Zwecke, dann wird er sich zur Veräußerung nur unter besonderen Voraussetzungen entschließen. Es wird Fälle geben, in denen das Interesse am weiteren Besitz des Gegenstandes durch Änderung der Verhältnisse zurückgegangen oder geschwunden ist, z. B. bei Überalterung des Gegenstandes, bei Änderung der privaten oder geschäftlichen Verhältnisse oder dergl. In der Mehrzahl aller für die Preisgestaltung bedeutsamen Fälle wird der Entschluß des Verkäufers zu einer Veräußerung erst hervorgerufen oder doch maßgeblich beeinflußt durch das ihm gemachte Preisangebot. Nur durch ein solches, ihn besonders verlockendes Gebot wird das Interesse an der Beibehaltung der Kapitanlage oder der Nutzung überboten. Ein Verkauf zum angemessenen oder zulässigen Preis würde für ihn nicht in Frage kommen; er wäre auch — darin liegt der grundlegende Unterschied gegenüber den Handelsgütern und den Umsätzen des täglichen Lebens — volkswirtschaftlich ohne Bedeutung. Diese Erwägungen haben dazu geführt, daß eine Übertragung der für die Umsatzgeschäfte des täglichen Lebens entwickelten Regeln auf den Fall des Grundstücksankaufs abgelehnt worden ist (vgl. insbesondere die Ausführungen des Reichsgerichts in der oben erwähnten Entscheidung RGZ. Bd. 166 S. 89 ff). Obwohl das Reichsgericht hierbei das Streben der Gesetzgebung des Dritten Reiches erwähnt (Seite 96) „die Zusammengehörigkeit des Eigentümers mit seinem Besitz zu fördern, um diesen nicht zur Handelsware werden zu lassen", beruht doch die Unterscheidung nicht auf nationalsozialistischen oder politischen Gedankengängen, sondern auf allgemein volkswirtschaftlichen Erwägungen. Es bestehen daher auch insoweit keine durchgreifenden Bedenken gegen die Übernahme dieser Unterscheidung in die Gegenwart.

Zwischen den Geschäften des täglichen Lebens und den mehr oder weniger einmaligen Grundstücksgeschäften stehen zahlreiche Gruppen von Geschäften, die sich nach ihrem volkswirtschaftlichen Gehalt und ihrer Bedeutung für die Beteiligten mehr dem einen oder dem anderen Grenzpunkt nähern. Diese Gruppen können sich nach der Art des veräußerten Gegenstandes (z. B. Wertpapiere oder Gewerbebetrieb) oder auch nach der Person der Beteiligten (z. B. Wertpapierhändler oder Privatperson) bestimmen. Der Kläger hatte die streitige Gastwirtschaft einige Jahre geführt, es ist kein Anhaltspunkt dafür vorhanden, daß er schon bei dem Erwerb die Absicht gehabt hätte, sie alsbald wie ein Handelsgut zu veräußern. Deshalb steht das streitige Veräußerungsgeschäft einem Grundstücksgeschäft so nahe, daß sich die Rechtswirkungen des Preisverstoßes nach den Regeln richten müssen, wie sie für den Fall des Grundstücksgeschäfts entwickelt worden sind.

Dem Berufungsgericht ist also im Ergebnis insoweit zu folgen, als nicht, wie es die Revision will, der angemessene oder zulässige Preis an die Stelle des vereinbarten Preises zu treten hat. Aber das Berufungsgericht hätte von diesem Standpunkt aus weiter prüfen müssen, wie die Rechtslage hier bei einem Grundstücksgeschäft gewesen wäre, welche Bedeutung es insbesondere hatte, daß die Parteien in ihrem schriftlichen Vertrage an Stelle des vereinbarten Preises von 20 000 RM nur einen solchen von 10 000 RM genannt haben. Die Gründe, die die Parteien hierzu veranlaßt haben, sind vom Berufungsgericht nicht festgestellt worden. Soweit dabei nicht die allgemeinen Neigung maßgebend war, geringere als die wirklich vereinbarten Preise schriftlich niederzulegen, können sie nur die Absicht gehabt haben, irgendwelche Stellen über den in Wahrheit vereinbarten Preis zu täuschen. Dabei mögen sie an die für die Erteilung des Konsenses zuständige Behörde, an die Steuerbehörden oder auch an beide gedacht haben. Würde es sich um einen Grundstückskaufvertrag handeln, so wären die Parteien nach § 4 der Verordnung vom 7. Juli 1942 (RGBl. I S. 451) unter diesen Umständen an den vereinbarten Preis gebunden. Nach den Entscheidungen des Reichsgerichts (RGZ. Bd. 71 S. 22) und des Oberlandesgerichts Kiel (Schleswig-Holsteinische Anzeigen 1946 S. 269) kommt es nicht darauf an, ob gerade die Preisbehörde getäuscht werden sollte. Die Täuschungsabsicht gegenüber einer anderen Behörde hat die gleiche Wirkung. Diese Auslegung deckt sich mit dem Zweck der Vorschrift und ist mit ihrem Wortlaut zwanglos vereinbar, so daß ihr ohne Bedenken zu folgen ist. Das Oberlandesgericht Kiel stellt mit Recht fest, daß die Bestimmung des § 4 eine allgemeine materiell-rechtliche Bedeutung hat, und dieser richtige Gesichtspunkt rechtfertig es weiter, den Gedanken nicht auf Grundstücksverträge zu beschränken, sondern ihn auf alle Fälle auszudehnen, in denen sich die Rechtswirkung eines Preisverstoßes nach den für Grundstücksgeschäfte geltenden Vorschriften richtet. Das hat für den Streitfall die Folge, daß die Parteien, insbesondere der Kläger, an den beurkundeten Preis von 10 000 RM gebunden sind und daß nunmehr dieser Preis darauf zu prüfen ist, ob er den Preisvorschriften entspricht.

(Dies wird zu V ausgeführt.)

VI. Falls die erneute Prüfung ergeben sollte, daß die Preisbehörde den Preis von 10 000 RM nicht beanstandet, so wäre entgegen der im Berufungsurteil vertretenen Meinung der Kaufvertrag zu diesem Preise wirksam, der Kläger könnte weder die Rückzahlung des Darlehns fordern noch Verzugsfolgen wegen der unterbliebenen Rückzahlung geltend machen. Das müßte dazu führen, daß auf die Berufung die Klage abgewiesen wird, die Frage der Gegenleistung oder des Zurückhaltungsrechts wäre in diesem Falle gegenstandslos.

Im umgekehrten Falle wäre von der Nichtigkeit des Kaufvertrages auszugehen, die Verurteilung zur Herausgabe der Gastwirtschaft wäre aufrecht zu erhalten. Dabei wird das Berufungsgericht noch folgende Gesichtspunkte zu beachten haben:

1. Nach dem Tatbestand des Berufungsurteils hatte der Kläger mit der Klage Herausgabe der „Gastwirtschaft nebst Inventar" gefordert und seinen Antrag auch in der Berufung nicht geändert. Das Berufungsgericht verurteilt zur Herausgabe der „Gastwirtschaft nebst dem sämtlichen übernommenen Inventar und der Wohnung". Es ist nicht erkennbar, ob diese Änderungen auf neuen Anträgen der Parteien beruhen, die im Tatbestand nicht erwähnt sind, oder ob das Berufungsgericht nur beabsichtigte, die im übrigen unverändert bleibenden Anträge in ihrem Ausdruck zu verdeutlichen. Wenn auch gegen diese letztere Möglichkeit keine grundsätzlichen Einwendungen zu erheben sein mögen, so wird es sich doch in aller Regel empfehlen, die Parteien gemäß § 139 ZPO. zur Stellung eines entsprechenden sachdienlichen Antrags zu veranlassen, zumal wenn es sich um einen für die Gegenseite so wichtigen Punkt wie die Herausgabe einer Wohnung handelt. Bei dem Inventar handelt es sich gegenüber dem Urteil des Landgerichts um eine Einschränkung insofern, als nunmehr nicht das sämtliche (zur Zeit der letzten mündlichen Verhandlung oder zur Zeit der Zwangsvollstreckung) vorhandene, sondern nur das sämtliche übernommene Inventar herausgegeben werden soll. Da diese Einschränkung zum Vorteil der Berufungskläger wirkte, so lag sie innerhalb der gestellten Anträge und war vielleicht auch sachlich begründet, falls die Beklagte zu 1 nach Übernahme der Gastwirtschaft neues Inventar angeschafft hatte. Die Fassung des Urteilstenors läßt aber insoweit Zweifel offen, als nicht erkennbar ist, welche

Stücke herauszugeben sind und welche nicht, so daß eine Zwangsvollstreckung auf erhebliche Schwierigkeiten stoßen muß.

Das Oberlandesgericht wird daher in beiden Punkten auf Ergänzung der Anträge hinzuwirken haben. Sollte sich ergeben, daß es sich bei dem Antrage auf Herausgabe der Wohnung nicht nur um eine Verdeutlichung des vom Kläger in der Klage gestellten Antrages handelt, so wird zu prüfen sein, ob die Einlegung einer Anschlußberufung erforderlich wird.

2. Die Ansprüche beider Teile auf Rückgewähr beruhen auf dem Rechtsgrunde ungerechtfertigter Bereicherung. Für die Feststellung, in welcher Höhe eine Partei auf Kosten der anderen bereichert ist, müssen alle mit dem Kaufvertrag und seiner Abwicklung im Zusammenhang stehenden Umstände berücksichtigt werden. Das Berufungsgericht hat das Verlangen des Klägers auf Berücksichtigung der Darlehnsschuld der Beklagten gegenüber der H.-Brauerei ebenso abgewiesen wie das Verlangen der Beklagten auf Herausgabe einiger in ihrer früheren Wohnung zurückgelassener beweglicher Gegenstände. Es mag dahingestellt bleiben, ob diese Entscheidungen bei dem Ausgangspunkt des Berufungsgerichts zutreffend sind. Geht man davon aus, daß der Klage überhaupt nur bei Nichtigkeit des Kaufvertrages stattgegeben werden kann, so ist auch die etwa zwischen den Parteien getroffene Abrede über die beweglichen Gegenstände nichtig, und die Verpflichtung des Klägers zu ihrer Rückgabe beruht auf dem gleichen rechtlichen Verhältnis wie die Verpflichtung der Beklagten zur Herausgabe der Gastwirtschaft. Andererseits kann der Kläger in diesem Falle die Herausgabe seines Inventars fordern, das nicht mit Rechten Dritter belastet sein darf. Wenn die Beklagten unter Sicherungsübereignung dieses Inventars ein Darlehn aufgenommen haben, so sind sie zur Beseitigung dieser Belastung verpflichtet. Können oder wollen sie das nicht, so kann der Kläger von ihnen die Zahlung des zur Ablösung erforderlichen Betrages fordern. Muß der Kläger den Betrag selbst an die Brauerei zahlen, so ist er nicht mehr um den vollen Kaufpreis abzüglich des den Beklagten gewährten Darlehns bereichert, sondern um den Betrag der Brauereischuld weniger. Es ist dann entgegen der Meinung des Berufungsgerichts ohne Bedeutung, ob die Beklagten mit der Übernahme der Schuld einverstanden waren oder ob die Brauerei dem Kläger ihre Forderung abgetreten hat. Der Standpunkt des Berufungsgerichts führt zu dem Ergebnis, daß der Kläger den vollen Betrag von 15 000 RM aufwenden und den Beklagten durch den Gerichtsvollzieher anbieten lassen müßte, um die Herausgabe der Gastwirtschaft und des — noch mit den Rechten der Brauerei belasteten — Inventars zu erreichen. Müßte er dann aus eigenen Mitteln die Darlehnsschuld tilgen, so hätte er zwar gegen die Beklagten einen Ersatzanspruch, aber er wäre zu dessen Durchsetzung auf einen neuen Prozeß und eine unsichere Zwangsvollstreckung angewiesen. Der recht-

liche Zusammenhang ist vom Berufungsgericht zu Unrecht verneint worden.

Da das Berufungsgericht in diesem Punkt zum Nachteil des Klägers geirrt hat, so war das Urteil auch auf die Anschlußrevision, insoweit als diese zulässig ist, aufzuheben. Es wird gegebenenfalls zu prüfen sein, wie hoch die Darlehnsforderung der Brauerei im Zeitpunkt der neuen letzten mündlichen Verhandlung ist und inwieweit dafür solche Inventarstücke haften, deren Herausgabe der Kläger fordern kann. Entsprechend den verschiedenen Hilfsanträgen der Anschlußrevision wird weiter zu erwägen sein, inwieweit die verschiedenen Zugumzugleistungen des Klägers in Beziehung zu einzelnen Teilen des Klageantrages — etwa nur zur Herausgabe des Inventars oder der Wohnung — zu setzen sind.

3. Nach der Währungsumstellung haben die Parteien in der Revisionsverhandlung widersprechende Ausführungen über die Auswirkung der Umstellung auf die Rückgewährpflichten des Klägers gemacht. Auch hierüber wird das Oberlandesgericht zu befinden haben, falls es nicht die Klage abweist. Dabei mögen folgende Hinweise beachtet werden:

a) Die Verpflichtung zur Rückzahlung des Kaufpreises abzüglich der Darlehnssumme ist eine reine Reichsmarkverbindlichkeit, es gelten für sie die Vorschriften des § 16 des Dritten Gesetzes zur Neuordnung des Geldwesens („Umstellungsgesetz").

b) Die Darlehnsschuld der Beklagten gegenüber der Brauerei war zur Zeit des Berufungsurteils eine reine Reichsmarkforderung. Sie ist mit ihrem Bestande vom 18. Juni 1948 (§ 18 Abs. 1 Ziff. 4 UmstGes.) im Verhältnis 10:1 auf Deutsche Mark umgestellt (§ 16 a. a. O.), sie kann sich später durch neue Lieferungen oder Zahlungen in Deutscher Mark verändert haben; ihr Stand wird in Deutscher Mark festzustellen sein.

c) Die Wertverbesserung der Gastwirtschaft durch Aufwendungen der Beklagten hat das Berufungsgericht in zulässiger und nicht zu beanstandender Weise gemäß § 287 ZPO. auf 5000 RM geschätzt. Wäre die Rückgabe vor dem 20. Juni 1948 erfolgt, so wäre auch dieser Betrag gemäß § 16 UmstGes. im Verhältnis 10:1 umzustellen gewesen. Bei der erst in der Zukunft liegenden Herausgabe kann aber nicht nach dieser Regel verfahren werden. Der Kläger ist hier nicht um einen Reichsmarkbetrag bereichert, sondern um einen Sachwert, der in Deutscher Mark zu ermitteln oder zu schätzen ist. Dabei können die von der Beklagten zu 1 in Reichsmark gemachten Aufwendungen nur einen Anhaltspunkt bieten, dessen Ermittlung und Auswertung dem Oberlandesgericht zu überlassen ist.

Gedruckt bei W. Girardet, Druckerei, Wuppertal.

Kolibri 360 GmbH
Ferdinand-Jühlke-Straße 7
99095 Erfurt, Deutschland
produktsicherheit@kolibri360.de

Die Strafbarkeit der Erforschung des menschlichen Embryos durch Klontechniken

Recht und Medizin

Herausgegeben von den Professoren
Dr. Erwin Deutsch, Dr. Bernd-Rüdiger Kern, Dr. Adolf Laufs, Dr. Hans Lilie,
Dr. Andreas Spickhoff, Dr. Hans-Ludwig Schreiber

Bd./Vol. 112

PL ACADEMIC RESEARCH

Chonghan Oh

Die Strafbarkeit der Erforschung des menschlichen Embryos durch Klontechniken

PL ACADEMIC RESEARCH

Bibliografische Information der Deutschen Nationalbibliothek
Die Deutsche Nationalbibliothek verzeichnet diese Publikation in der Deutschen Nationalbibliografie; detaillierte bibliografische Daten sind im Internet über http://dnb.d-nb.de abrufbar.

Zugl.: Göttingen, Univ., Diss., 2011

D 7
ISSN 0172-116X
ISBN 978-3-631-63673-2

www.peterlang.de